다양한 예제로 쉽게 이해하는
투자론

윤 상 용

法 文 社

머 리 말

최근 금융시장의 작동원리는 갈수록 복잡·다양해지고 있으며, 투자전략들도 더욱 정교해지고 있다. 이에 따라 대학에서 다루어지는 재무/금융 관련 과목들도 상당부분 변화되어야 하지만, 여전히 대학에서의 금융과목들은 오랫동안 이론교육 수준에 머물러 있는 상황이다. 그럼에도 금융거래의 근본원리와 투자전략의 기본 틀에 대한 이해는 학생들에게 반드시 필요한 부분이라 할 수 있다.

대학의 경상계열에서 '재무관리', '투자론', '파생금융상품' 등의 과목들은 상대적으로 체계적이고, 논리적이며, 수리적인 측면을 많이 강조하고 있다. 본 교재는 저자의 앞서 발간된 「다양한 예제로 쉽게 이해하는 재무관리」와 마찬가지로 '투자론(investment)' 또는 '자산가격결정론(asset pricing theory)' 과목의 이론적 내용과 그 활용에 관한 학생들의 이해도를 좀 더 높여보고자 하는 교육적 목적에서 시작되었다.

따라서 본 교재는 적어도 학생들이 가능한 쉽게 학습하고 이해할 수 있도록 다양한 예제문제들을 제공하였으며, 이를 위해 교재내용의 기본 틀에서 각 챕터별로 엄선된 양질의 서술형, 객관식, 주관식 문제 등 다양한 유형의 예제문제들을 담아보고자 노력하였다. 구체적으로, 금융상품의 수익과 위험의 개념, 그리고 위험관리를 위한 포트폴리오의 중요성을 강조하고, 다양한 투자상품들에 관한 이론적 배경과 실무적 투자전략 등을 다루고자 하였다. 또한 해당 연습문제의 풀이를 함께 제공하여 학습한 내용을 스스로 확인하여 검토할 수 있도록 구성하였다.

한정된 지면에 가능한 많은 내용을 담고자 의도하였지만, 대학의 한 학기 동안 다룰 수 있는 내용의 한계로 인해 여전히 부족하고 미진한 부분들이 많이 존재할 것으로 예상된다. 이는 당연히 모두 저자의 책임이며, 향후 지속적으로 보완하고 수정하고자 한다. 그리고 집필과정에서 본서는 국내·외의 많은 관련 자료들을 참조하였음을 밝혀둔다.

  저자의 역량 부족으로 본서를 출판하는데 많은 분들의 도움을 받지 않을 수 없었다. 본 교재를 작성하는 과정에서 많은 도움을 준 동료 교수님들에게 깊은 감사의 마음을 전하고, 본서를 출판하도록 흔쾌히 허락해주신 법문사의 배효선 대표님을 비롯한, 영업부의 정해찬님, 편집부의 배은영님 등 관계자 여러분들의 노고에 깊이 감사드린다.

2018년 12월

저자 윤 상 용

차 례

Chapter

01

증권과 투자

증권과 투자

1. 증권시장

1) 개념정리 문제

서술형

1. 실물자산^{real asset}과 금융자산^{financial asset}의 차이는 무엇인가?

2. 지분증권^{equity}(주식)과 고정수익증권^{fixed asset}(채권)의 차이는 무엇인가?

3. 1차자산^{primary asset}과 파생자산^{derivative assets}의 차이는 무엇인가?

4. 직접금융시장과 간접금융시장의 차이는 무엇인가?

5. 투자은행과 상업은행의 업무는 어떻게 다른지에 대해 간략히 설명하시오.

6. 화폐시장(단기금융시장^{money market})과 자본시장(장기금융시장^{capital market})의 차이는 무엇이고, 각 시장에서 거래되고 있는 단·장기 금융상품들의 종류와 특징들에 대해 설명하시오.

7. 발행시장^{primary market}과 유통시장^{secondary market}의 기능을 각각 비교설명하고, 각 시장에서의 금융기관들의 역할에 대해 설명하시오.

8. 공모발행^{public offering}과 사모발행^{private placement}의 차이는 무엇인가?

9. 기업공개^{public offering} 또는 상장^{listing}의 과정에서 인수기관^{underwriter}은 어떠한 역할과 위험부담을 가지는지에 대해 설명하시오.

10. 보통주^{common stock}, 우선주^{preferred stock}, 회사채^{corporate bond}의 주요 차이점은 무엇인가?

11. 기업이 유상증자와 무상증자를 하는 각각의 목적과 예상되는 주가변화에 대해 비교 설명하시오.

12. 파생금융시장의 등장배경 및 성장요인에 관해 설명하고, 이와 관련하여 2008년 세계 금융위기가 발생한 원인과 영향, 그리고 그 극복과정에 대해서도 간략히 설명하시오.

단답형

※ 다음이 맞는 내용이면 (○), 옳지 않은 내용이면 (×)로 표시하시오.

1. 단기금융시장은 경제주체들 간의 일시적인 여유자금을 운용하거나 단기자금 과부족을 조절하기 위해 만기 1년 미만의 금융상품들이 거래되는 시장이다. (   )

2. 증권의 발행시장은 기업의 단기자본을 조달하기 위한 시장으로 활용된다. (   )

3. 공모발행은 특정 투자자들을 대상으로 증권을 발행하는 형태를 밀한다. (   )

4. 일반적으로 공모주식의 발행가격은 발행회사가 주도적으로 정하며, 인수기관은 이렇게 정해진 가격으로 증권을 판매하는 역할을 주로 담당하게 된다. (   )

5. 증권의 발행시장에서 총액인수란 인수기관이 발행총액의 전액을 자기 책임 하에 인수하고 발행과 모집을 담당하는 방식이다. (   )

6. 증권의 발행시장에서 초과배정옵션은 대표 주관회사가 당초 발행하기로 한 주식의 수량을 초과하여 청약자에게 배정하는 것을 조건으로, 그 초과배정 수량에 해당하는 신주를 발행회사로부터 미리 정한 가격으로 매수할 수 있는 권리를 말한다. (   )

7. 거래소가 정한 상장요건을 충족하는 증권에 대하여 유가증권시장에서 거래될 수 있게 자격을 부여하는 것을 상장이라고 한다. (   )

8. 기업이 증권시장에 상장하는 것은 기업의 증권이 원활하게 유통되어 공정한 가격 형성을 유도할 수 있어 기업의 대외 신뢰도가 향상된다는 장점이 있지만, 각종 세금을 추가적으로 부담해야 하는 부담도 있다. (   )

9. 거래소는 상장폐기 기준에 의거하여 상장된 기업을 직권으로 상장폐지할 수 있다. (   )

10. 주식시장에서 복수가격에 의한 개별경쟁매매가 이루어질 때 매매주문체결의 우선원칙은 가격 – 시간 – 수량 – 위탁매매의 순으로 이루어진다. (   )

▌풀이와 답

1. (○), 금융시장에서 단기와 장기는 각각 만기가 1년 미만과 1년 이상의 금융 상품이 거래되는 시장으로 구분된다.

2. (×), 증권의 발행시장은 기업의 장기자본을 조달하는 시장이다.

3. (×), 공모발행은 다수의 불특정 투자자들을 대상으로 증권을 공개적으로 모집하는 증권발행 형태를 말한다.

4. (×), 공모가격은 발행회사와 인수기관이 상호 협의하여 결정되며, 인수기관의 시장분석과 증권평가 결과를 주로 참고하여 결정하게 된다.

5. (○), 총액인수방식은 증권의 발행회사가 인수기관과 계약을 맺고 증권발행 총액을 포괄적으로 인수하게 하는 방법을 말한다.

6. (○), 초과배정옵션은 주식에 대한 초과 청약이 있을 경우 주간사가 증권발행사로부터 추가로 공모주식을 취득할 수 있는 콜옵션이다. 상장 이후 주가가 공모가 밑으로 떨어지게 되면 주간사는 초과배정옵션을 포기하고 시장에서 매입해 청약자에게 배부한다. 반대로 공모가를 웃돌며 상승할 경우 주간사는 초과배정옵션을 행사해 청약자에게 배부한다.

7. (○)

8. (×), 기업의 상장은 각종 세금절감 효과도 얻을 수 있다.

9. (○)

10. (○)

※ 다음 ( )에 적정한 단어를 써 넣거나 고르시오.

11. 금융투자상품들 중 (   )은/는 특정 기간 동안 확정된 소득의 흐름, 또는 정해진 공식에 따라 결정된 소득의 흐름이 약속된 증권을 말한다.

12. 금융투자상품들 중 (   )은/는 기업에 대한 소유지분을 말하며, 기업이 벌어들인 이익의 일부에 대해 배당을 청구할 수 있는 권리를 가진다.

13. (   )은/는 다른 자산의 가치에 따라 결정되는 금액을 제공하는 증권을 말하며, 원금초과손실 가능성이 존재한다.

14. 투자자는 자신의 투자 포트폴리오를 구성할 때 두 가지 유형의 의사결정을 하게 되는데, (   ) 결정은 넓게 분류된 자산 유형 중에서 선택하는 과정이고, (   )은/는 각 유형의 자산 안에서 실제로 보유할 특정 증권을 선택하는 것을 말한다.

15. (   )은/는 포트폴리오에 편입되는 특정 증권의 가치를 평가하는 것을 말한다.

16. 증권시장에는 위험 – 수익률 교환관계^{risk return trade-off}가 반드시 존재하며, 고위험 자산은 저위험 자산보다 더 (높은, 낮은) 기대수익률을 제공할 수 있도록 가격이 매겨진다.

17. 투자전략 중에서 (   )은/는 가격결정에 오류가 있는 증권을 찾으려는 시도 없이 분산투자된 포트폴리오를 매입하여 보유하는 전략을 말한다.

18. 투자전략 중에서 (   )은/는 가격결정에 오류가 있는 증권을 찾으려 하거나 시장의 전반적 추세를 예측하려는 투자전략을 말한다.

19. (   )은/는 자금 대여자로부터 자금을 받아 자금 차입자에게 대출해 줌으로써 차입자와 대여자를 연결해 주는 금융기관을 말한다.

20. (   )은/는 새로운 증권을 일반 대중에게 매각하는 업무에 특화된 회사이며, 일반적으로 발행업무를 인수^{underwriting}하는 기능을 한다.

21. (   )은/는 여러 개의 대출증권들을 풀^{pool}로 묶은 후 이를 담보로 하여 표준화된 새로운 증권으로 만들어서 매매하는 것을 말한다.

22. 보통주^{common stock}의 주요 특징으로서 (   )은/는 기업이 청산을 할 경우 주주는 국세청, 근로자, 납품업자, 채권보유자, 기타 채권자 등과 같은 우선 청구권자들에 대한 지급이 완료된 후 남은 자산에 대하여 투자자산을 돌려받을 수 있는 청구권리를 말하며, 기업의 자산과 이익에 대한 청구권에서 우선순위가 가장 낮다고 볼 수 있다.

23. 보통주 주식의 (   )(이)란 기업이 파산하는 경우 주주의 최대 손실은 투자원금에 한정된다는 뜻이다.

24. 주식 중에서 (   )은/는 주식과 채권의 특성을 모두 가지며, 기업에 대해 의결권을 가지지는 않지만 일반적으로 고정된 금액의 배당을 지급받게 된다.

25. 비상장주식이 처음으로 발행시장에서 대중에게 매각되는 것을 (   )(이)라고 한다.

26. 증권을 간접발행 방법으로 발행할 때 소화가 안된 물량에 대해서만 책임을 지는 인수방법을 (   )(이)라고 한다.

27. (   )은/는 유 · 무상증자시 신주배정 기준일이 경과하여 신주를 배정받을 권리가 없는 상태로서, 신주배정 기준일의 직전 매매거래일에 조치되는 것을 말한다.

28. (   )은/는 기업의 결산기일이 지나서 주주가 배당을 받을 권리가 없어진 주가의 상태를 말하며, 증권거래소는 이를 감안해 해당 주식에 대해 배당락을 취해 주가를 합리적으로 조정한다.

29. 투자자가 소유하지 않는 주식을 증권회사에서 빌려서 매각하고, 약속된 기간 후에 다시 재매입하여 상환하는 것을 (   )(이)라고 한다. 이는 증권가격이 하락할 때 투자자에게 이익을 줄 수 있는 유용한 투자전략으로 활용될 수 있다.

30. 파생금융상품에서 (   )은/는 정해진 미래 시점에 어떤 자산을 상호 간 합의된 가격에 사거나 팔아야 하는 의무를 거래자들에게 부여하는 계약을 말한다.

31. 파생금융상품에서 (   )은/는 정해진 만기일 또는 그 전에 행사가격 $^{exercise\ price}$이라 불리는 미리 정해진 가격으로 해당 자산을 매입할 수 있는 권리를 매매하는 것이다.

32. 파생금융상품에서 (   )은/는 정해진 만기일 또는 그 전에 행사가격 $^{exercise\ price}$이라 불리는 미리 정해진 가격으로 해당 자산을 매도할 수 있는 권리를 매매하는 것이다.

33. (   )은/는 부동산이나 부동산 담보대출에 투자하며, 주식발행 이외에도 은행에서 차입하거나 채권과 부동산담보증권^{mortgage}을 발행하여 자금을 조달한다.

▌풀이와 답

11. 고정소득증권$^{fixed-income\ securities}$

12. 지분증권^{equity}

13. 파생증권$^{derivatives\ securities}$

14. 자산배분$^{asset\ allocation}$, 증권선정$^{security\ selection}$

15. 증권분석$^{security\ analysis}$

16. 높은

17. 소극적 관리$^{passive\ management}$

18. 적극적 관리$^{active\ management}$

19. 금융중개기관$^{financial\ intermediaries}$

20. 투자은행$^{investment\ banker}$

21. 증권화^{securitization}

22. 잔여재산청구권

23. 유한책임$^{limited\ liability}$

24. 우선주$^{preferred\ stock}$

25. IPO$^{\text{Initial Public Offering}}$

26. 잔액인수

27. 권리락$^{\text{ex-right}}$

28. 배당락$^{\text{ex-dividend}}$

29. 대차거래, 넓은 의미에서 공매$^{\text{short sale}}$

30. 선물계약^{futures}

31. 콜옵션$^{\text{call option}}$

32. 풋옵션$^{\text{put option}}$

33. 부동산투자신탁$^{\text{Real Estate Investment Trusts; REITs}}$

2) 객관식 문제

01. 다음 중 단기 금융시장 또는 단기 금융상품에 대한 설명으로 옳지 않은 것은?

① 단기 금융시장은 경제주체들 간의 일시적인 여유자금을 운용하거나 단기 자금의 과부족을 조절하기 위해 만기 1년 미만의 단기 금융상품이 거래되는 시장을 말한다.

② 콜^{Call} 시장에서 차입을 콜론$^{\text{call loan}}$, 대여를 콜머니$^{\text{call money}}$라고 한다.

③ 환매조건부채권(RP)은 채권의 매수자가 일정기간이 경과한 후 정해진 가격으로 동일한 채권을 재판매할 수 있는 조건이 부여된 채권을 말한다.

④ 양도성예금증서(CD)는 은행의 정기예금 증서를 타인에게 양도할 수 있도록 한 것으로 만기 이전에 중도환매는 불가능하다는 특성을 가진다.

▌풀이와 답 ③

환매조건부채권은 채권의 매도자가 일정기간이 경과한 후 정해진 가격으로 동일한 채권을 재매입하는 조건을 가진 단기채이다.

02. 다음 중 단기 금융상품의 거래특성에 관한 설명으로 바르게 설명한 것은?

① 기업어음(CP)은 기업이 기업 간 상거래를 위해 발행하는 약속어음이다.

② 환매조건부채권(RP)은 1년 미만의 만기 이전에 중도 환매가 가능한 단기 금융상품이다.

③ 양도성예금증서(CD)의 매수자는 만기에 액면금액에서 이자를 뺀 금액을 받는다.

④ 콜(Call)은 금융기관의 단기 보유자금에 대한 초단기 수익을 얻기 위한 금융상품이다.

▌**풀이와 답** ②

CP는 상거래가 아닌 일시적 자금조달을 위한 것이며, CD는 만기에 액면금액을 수령한다. 그리고 콜은 금융기관 간 단기자금 과부족을 조절하기 위한 초단기금융상품이다.

03. 다음 중 주식시장과 관련된 설명으로 옳지 않은 것은?

① 지분에 대한 권리를 표시하는 유가증권이 거래되는 시장이다.

② 일반적으로 주식시장은 발행시장을 말한다.

③ 기업공개 및 유상증자를 통해 주식이 새로이 공급되는 시장을 발행시장이라고 한다.

④ 주식시장은 채권시장과 함께 기업에게는 기업의 장기자금을 조달할 수 있는 장소를 제공하고, 투자자에게는 투자수익을 얻을 수 있는 장소를 제공한다.

▌**풀이와 답** ②

일반적으로 주식시장은 유통시장을 말한다.

04. 다음 중 채권의 특성에 관한 설명 중 틀린 것은?

① 이표채는 매 기간마다 미리 약정한 이자를 지급한다.

② 복리채는 복리로 재투자된 이자와 원금을 만기상환시에 동시에 지급한다.

③ 담보채권은 발행회사가 자기신용에 의하여 발행하는 채권이다.

④ 수의상환채권은 발행회사가 만기 이전에 임의적으로 상환할 수 있다.

▌**풀이와 답** ③

담보채권은 담보가 요구되는 채권이다.

05. 다음 채권과 주식에 대한 설명 중 틀린 것은?

① 채권은 원리금상환청구권과 이익배당청구권을 가지고, 주식은 경영참가권을 가진다.

② 채권은 확정된 이자를 받고 주식은 회사의 경영성과에 따라 지급하는 배당금을 받는다.

③ 채권은 회사 해산시에 주주에 우선하여 변제받을 권리가 있고 주식은 회사 해산시 채권자보다 후순위로 잔여재산을 배분받는다.

④ 채권은 타인자본조달, 주식은 자기자본조달로 자금을 조달한다.

❚ 풀이와 답 　①

채권은 원리금상환청구권을 가지고, 이익배당청구권과 경영참가권은 주주에게 부여된다.

06. 다음 증권의 발행시장에 관한 설명으로 맞는 것은?

① 증권의 발행주체인 기업은 증권발행에 관한 다양한 행정사무 등을 직접 수행하고, 증권의 매출 등에 따른 각종 위험 등을 부담한다.

② 간접발행은 일반적으로 발행규모가 작거나 발행예정인 주식이 시장에서 쉽게 소화될 가능성이 높은 경우에 적절하다.

③ 공모는 소수의 특정인 또는 기관투자자들을 대상으로 주식을 발행하는 방식을 말한다.

④ 발행과정에서 발행기관의 개입여부에 따라 직접발행과 간접발행으로 구분한다.

❚ 풀이와 답 　④

증권발행에 관한 사무처리는 위탁기관에서 담당하고, 발행규모가 작은 주식의 경우 직접발행이 유리하며, 소수 특정인 대상의 주식발행은 사모발행이라고 한다.

07. 다음 증권의 발행방식과 관련한 설명들 중 가장 바르지 못한 것은 무엇인가?

① 사모란 발행주체가 특정 수요자를 대상으로 증권을 발행하여 자금을 조달하는 방법이다.

② 간접 발행방식 중 모집주선은 인수위험을 발행주체가 감당하고, 발행 및 모집사무는 제3자인 발행기관에게 위탁하여 발행하는 방식이다.

③ 간접 발행방식 중 인수단이 발행총액을 인수하고, 이에 대한 위험부담을 지는 것을 잔액인수방법이라 한다.

④ 일반적으로 공모는 간접 발행의 형태로, 사모는 직접 발행의 형태로 이루어진다.

▌풀이와 답   ③

기관이 발행총액을 인수하고 이에 따른 발행위험 및 발행사무 모두를 담당하는 방식은 총액인수방법이다.

08. 다음 중 기업공개 또는 상장의 효과로 볼 수 없는 것은?

① 기업은 유상증자 또는 사채 발행으로 필요한 장기자금을 안정적으로 조달할 수 있다.

② 기업은 상장요건을 충족시켜야 하므로 경영의 투명성과 효율성을 도모할 수 있다.

③ 종업원의 주인의식을 높여 생산성 향상을 기대할 수 있다.

④ 불특정 다수인에게 지분이 분산되어 경영권 안정에 위협요인이 될 수 있다.

▌풀이와 답   ④

경영권 안정에 도움이 된다.

09. 다음 중 채권의 발행시장에 대한 설명으로 바르지 못한 것은?

① 사모발행은 대체로 비용이 많이 들고 시간도 많이 소요된다.

② 일반적으로 증권의 인수기관은 발행채권의 물량을 직접 매입한 후 발행 및 매도 업무를 수행하기 때문에 관련 위험을 부담할 수밖에 없다.

③ 기업은 인수기관과 협의 하에 발행조건을 미리 정하여 매출한 결과에 따라 발행총액을 결정할 수 있다.

④ 가격입찰 방식은 입찰자가 제시한 가격 중 높은 가격부터 낙찰하여 결정된다.

┃ 풀이와 답 ①

사모발행은 경비가 절감되고 발행기간이 짧다는 것이 장점이지만, 수요가 제한
적이라는 것이 단점으로 지적된다.

10. 채권의 유통시장에 대한 설명으로 바르지 못한 것은?

① 발행된 채권에 유동성을 부여하여 담보력을 제공할 수 있다.

② 일반적으로 채권은 유동성이 높은 장내거래로 거래된다.

③ 브로커 시장은 주문의 신속한 이행을 보증하지 못한다는 것이 단점이
지만, 거래 상대방의 신용위험을 낮출 수 있다는 장점이 있다.

④ 국내의 경우 채권은 액면 1만원당 금액으로 환산한 원단위 가격으로 호
가하여 거래된다.

┃ 풀이와 답 ②

채권은 종목수가 많고, 거래단위가 거액이며, 기관투자자 간의 내량매매 및 상대
매매로 거래가 이루어지기 때문에 장내거래보다는 장외거래가 일반적이며, 장외
거래시 거래상대방이 은행 등 금융기관이기 때문에 상대적으로 신용위험은 높지
않다.

11. 증권의 유통시장이 가지는 경제적 기능에 대해 바르게 설명하지 못한 것은?

① 증권의 담보력을 높여 자금조달 또는 차입을 용이하게 한다.

② 유통시장에서 거래되는 증권의 가격은 기업의 가치를 판단할 수 있는
유용한 정보가 될 수 있다.

③ 투자자들의 참여를 용이하게 하여 기업이 단기자금을 원활하게 조달할
수 있도록 한다.

④ 유통시장에서 형성되는 증권의 거래가격은 향후 발행시장에서의 가격
결정의 유용한 기준으로 작용될 수 있다.

┃ 풀이와 답 ③

발행된 증권의 시장성과 유통성을 높여 투자자들의 투자를 촉진시킴으로써 발행
시장에서 장기자본조달을 원활하게 한다.

12. 다음 중 기업의 유상증자에 관한 설명으로 잘못된 것은?

① 기업의 유상증자는 재무제표 상 기업의 자본을 증가시킨다.

② 우리나라의 경우 유상증자는 시가발행을 원칙으로 한다.

③ 주주우선공모는 정관에 주주의 신주인수권 배제조항이 규정되어야 가능하다.

④ 구주주 배정 방식은 주주들의 부담이 커지기 때문에 대규모 증자에는 부적절하다.

❙ **풀이와 답** ③

주주우선공모는 구주주에게 우선 청약권을 부여하고 잔여분을 일반투자자에게 공모하며, 미청약분을 인수단이 인수하는 방식으로 구주주의 신주인수권을 인정하는 제도이다.

13. 다음 중 기업의 무상증자에 관한 설명으로 옳지 않은 것은?

① 기업이 주주들에게 신주를 무상으로 발행하는 것을 말한다.

② 일반적으로 기업의 자본구성을 변화시킬 목적 또는 사내유보의 적정화를 위해 실시한다.

③ 무상증자 이후 기업의 실질 자본금은 증가하게 된다.

④ 재무제표상 준비금의 자본전입, 재평가적립금의 자본전입 등의 항목 간 변동을 통해 신주를 발행하는 방식이다.

❙ **풀이와 답** ③

무상증자는 기업의 재무제표상 항목변동으로 신주를 발행하는 형식적 증자이므로, 실질적인 자본금의 증가는 이루어지지 않는다.

14. 주가지수 산정 방식 중 시가총액식 주가지수에 대한 설명으로 적절하지 못한 것은?

① 주식병합 또는 분할 등의 사건이 발생하더라도 일관성 있게 지수가 작성될 수 있다.

② 주가가 높은 주식의 가격변동이 주가지수에 상대적으로 더 큰 영향을 주게 된다.

③ 신규상장, 유상증자 등의 사건이 있으면 시가총액을 수정하여 재산정하여야 한다.

④ 다우존스식 주가지수처럼 제수에 의한 수정을 필요치 않는다.

▌풀이와 답　②

시가총액식 주가지수는 시가총액(=주가×주식수)이 큰 주식의 가격변동 영향을 많이 받는다.

3) 주관식 문제

01. 주식 A, B, C 등 세 주식만이 상장되어 있는 어떤 주식시장이 있다. 1월 4일에 주식 B는 2 : 1로 주식분할을 실시하였고, 각 주식의 주가와 상장주식수는 아래와 같을 때, 가격가중평균지수법과 가치가중평균지수법으로 각각의 주가지수를 계산하시오. (단, 가치가중평균지수법에서는 1월 4일 기준지수를 100으로 가정한다)

주식종목	1월 4일		1월 5일	
	주가	상장주식수	주가	상장주식수
A	40,000원	600주	42,000원	600주
B	50,000원	400주	28,000원	800주
C	80,000원	500주	84,000원	500주

▌풀이와 답　풀이 참조

(1) 가격가중평균지수법: 1월 4일의 가격가중평균지수는

$(40,000 + 50,000 + 80,000)/3 = 56,666.67$

그리고 시장에서 가격수준을 반영하는 지수가 단순하게 주식분할로 인해서 값이 달라져서는 안되기 때문에, 주가의 변화나 주식배당 또는 주식분할을 수용할 수 있는 제수($divisor$)의 변화가 필요하다. 즉, 주식분할 전의 주식가격의 전체 합 170,000원이 주식분할 후에는 Y주식이 25,000원이 되어 145,000원으로 감소되므로,

$(40,000 + 25,000 + 80,000)/divisor = 56,666.67, \quad divisor = 2.5588$

따라서 1월 5일의 가격가중평균지수는

$(42,000+28,000+84,000)/2.5588 = 60,184.46$

(2) 가치가중평균지수법: 1월 4일 기준의 시가총액은

$84,000,000$원$(=40,000 \times 600 + 50,000 \times 400 + 80,000 \times 500)$이므로,

1월 5일 가치가중평균지수는

$106.67(=(42,000 \times 600 + 28,000 \times 800 + 84,000 \times 500)/84,000,000 \times 100)$

2. 증권과 투자

1) 개념정리 문제

서술형

1. 투자^{investment}와 투기^{speculation}의 개념적 차이점은 무엇인지에 대해 설명하시오.

2. 증권시장에서 투기자^{speculator}의 존재 필요성에 대해 간략히 설명하시오.

3. 주식의 특성을 가진 채권들 중 전환사채$(CB^{\text{Convertible bond}})$, 신주인수권부사채 $(BW^{\text{Bond with Warrants}})$, 교환사채$(EB^{\text{Exchangeable Bond}})$의 개념을 비교 설명하시오.

4. 주식시장에서의 배당락과 권리락의 개념에 대해 설명하시오.

5. 주식거래에 있어서 지정가 주문과 시장가 주문의 차이점에 대해 설명하시오.

6. 주식 매매거래의 체결원칙에 대해 간략히 설명하시오.

7. 주식의 매매거래중단제도에 대해 설명하시오.

8. 뮤추얼펀드$^{\text{mutual fund}}$와 헤지펀드$^{\text{hedge fund}}$의 차이점에 대해 설명하시오.

9. 금융의 증권화^{securitization}는 무엇을 의미하는지에 대해 설명하시오.

10. 최근 4차 산업혁명과 관련하여 금융환경 변화요인과 금융혁신의 필요성에 대해 설명하시오.

단답형

※ **다음이 맞는 내용이면 (O), 옳지 않은 내용이면 (×)로 표시하시오.**

1. 주식투자는 투자원금을 초과하는 손실위험이 존재한다. ( )

2. 채권투자는 투자원금을 초과하는 손실위험이 존재한다. ( )

3. 파생상품투자는 투자원금을 초과하는 손실위험이 존재한다. ( )

4. 예금상품의 운용방법은 원칙적으로 제한이 없으며, 원본 및 이익보장 측면에서 볼 때 원금과 약정이자의 지급의무가 있다. ( )

5. 일반적으로 기업의 내부유보액이 많고 수익에 대한 예상이 긍정적일 경우 주식을 할인발행하게 된다. ( )

6. 무상증자시의 권리락 주가는 권리부 주가를 무상증자비율로 나눈 것이 된다. ( )

7. 일정 시간 동안에 들어온 주문에 대하여 단일가격으로 매매체결시키는 제도를 동시호가제도라고 한다. ( )

8. 수의상환채권의 발행자는 일반적으로 시장수익률이 상승할 때 수의상환권을 행사하게 된다. ( )

9. 양도성예금증서(CD)는 정기예금에 양도성을 부여한 것으로, 기명식으로 발행되며 이자계산방법은 할인식이다. ( )

10. 환매조건부채권(RP)은 일정기간 경과 후에 사전에 정해진 매매가격으로 다시 매수하거나 매도할 것을 조건으로 한 채권매매방식이다. ( )

11. 표지어음은 은행이 할인하여 보유하고 있는 어음을 분할하거나 통합하여 은행을 지급인으로 하는 새로운 어음을 발행하여 고객에게 판매하는 상품이다. ( )

12. 가치가중방법에서 주식분할은 잠정적으로 하향편의를 초래한다. ( )

13. 국내 코스닥시장에서 장외에서 코스닥 상장법인 주식을 양도하는 경우 발생한 양도차익에 대해서는 양도소득세를 부과하지 않는다. ( )

14. 개인연금은 만기 전 중도해약하거나 계약기간 만료 후 일시금 형태로 지급받는 경우 이자소득세가 정상과세된다. ( )

15. 자산유동화증권(ABS)은 투자자 선호에 부응하는 상품을 다양하게 만들어 낼 수 있다. ( )

▌풀이와 답

1. (×), 주식투자의 위험은 투자원금을 초과하지 않는다.
2. (×), 채권투자의 위험은 투자원금을 초과하지 않는다.
3. (○), 파생상품투자의 경우 투자원금을 초과하는 손실의 위험이 존재한다.
4. (○)
5. (×), 할인발행은 액면가액보다 낮은 가격으로 모집 또는 매출하는 것이며, 재무상태가 열악하거나 예상수입이 미흡한 경우에 주로 할인발행한다.
6. (×), 무상증자시의 권리락 주가는 권리부주가를 (1+무상증자비율)로 나눈 것이 된다.
7. (○)
8. (×), 수의상환채권은 채권발행자가 만기 이전에 원금을 조기 상환할 수 있는 채권으로, 일반적으로 시장수익률이 하락할 때 그 권리를 행사하게 된다.
9. (○)
10. (×), 환매조건부채권(RP)은 채권발행자가 일정기간 경과 후에 사전에 정해진 매매가격으로 다시 매수할 것을 약속한 채권매매방식이다.
11. (○)
12. (×), 이는 가격가중방법에서 나타난다.
13. (×), 장외에서 상장주권을 양도하여 양도차익이 있는 경우에는 대주주, 소액주주를 불문하고 양도소득세를 부과한다.
14. (○)
15. (○)

※ 다음 ( )에 적정한 단어를 써 넣으시오.

16. 주식의 주문방법에서 ( )은/는 투자자가 주문을 제출하는 시점에서 가장 유리한 가격에 주식을 사거나 팔려는 주문을 말한다. 이는 일반적으로 주문을 체결하는 가장 빠른 방법이라 할 수 있다.

17. 주식의 주문방법에서 ( )은/는 특정 가격 이하에서 매수하거나 특정 가격 이상에서 매도하려는 주문으로, 당일유효주문은 거래가 이루어지지 않을 경우 폐장 시에 자동적으로 취소된다.

18. 주식의 주문방법에서 ( )은/는 주가가 어떤 제한 가격에 이르기 전에는 매매체결이 이루어지지 않지만, 가격이 정해진 수준 아래로 떨어지면 그 주식을 매도하게 되는 방식을 말한다.

19. 증권을 매입할 때 투자자는 증권사 콜론으로 쉽게 자금을 빌릴 수 있는데, 이 차입 자금으로 증권을 매입하는 것을 (　　　　　　)(이)라고 한다. 즉, 신용으로 주식을 매입한다는 것은 투자자가 주식 매입대금의 일부를 증권사로부터 차입하는 것을 말하며, 이 때 증권계좌에서 증권 매입자금 중 투자자가 스스로 납입한 금액을 (　　　　　　)(이)라고 한다. 이는 투자자 증권계좌의 자기자본을 의미한다.

20. (　　　　　　)은/는 증권가격이 떨어질 때 투자자에게 이익을 주는 방식으로, 투자자는 소유하지 않는 주식을 증권사로부터 빌려서 매각하고, 후에 다시 매입하여 대출을 상환하는 방식을 말한다.

21. (　　　　　　)은/는 광범위한 증권을 매입하여 구성된 펀드로, 특정 주가지수의 성과를 추종할 목적으로 구성된다. 그리고 이 중 ETF(상장지수펀드)는 투자자들에게 (　　　　　　)을/를 거래할 수 있게 해주는 뮤추얼펀드의 일종이라 할 수 있다.

22. (　　　　　　)은/는 대규모 자산을 보유한 개인 또는 기관투자자들을 대상으로 자산을 풀^{pool}로 모으고, 이를 펀드매니저가 공격적으로 투자하여 높은 기대수익률을 추구하는 성격의 펀드를 말한다.

23. (　　　　　　)은/는 주식시장에서 코스피 지수나 코스닥 지수가 전일 대비 10% 이상 하락하는 상황이 1분간 지속되는 경우에 발동되며, 주가의 급등락으로 주식시장의 불안정성이 확대될 때 시장의 안정성을 확보하기 위해 만들어진 장치이다.

24. (　　　　　　)은/는 주가지수 선물의 가격이 전일 종가 대비 코스피는 5%, 코스닥은 6% 이상 상승 또는 하락하는 상황이 1분 이상 지속되면 발동되며, 시장의 안정성을 확보하기 위한 안정장치로 볼 수 있다.

25. 기업이나 금융기관이 보유하고 있는 자산을 표준화하고 특정조건별로 집합^{pooling}하여 이를 바탕으로 발행하는 증권을 (　　　　　　)(이)라고 한다.

26. 다양하게 분산된 비교적 신용도가 낮은 회사채나 기업대출을 모아 동 자산의 현금흐름에 근거하여 유동화증권을 발행하는 것을 (　　　　　　)(이)라고 한다.

▎풀이와 답

16. 시장가 주문
17. 지정가 주문
18. 역지정가 주문$^{stop\ order}$
19. 신용매입, 신용증거금^{margin}
20. 공매$^{short\ sale}$
21. 인덱스펀드$^{index\ fund}$

22. 헤지펀드^{hedge funds}
23. 서킷 브레이커^{circuit breaker}
24. 사이드카^{side car}
25. 자산유동화증권
26. 부채담보부증권: *CDO*^{collateralized debt obligation}

2) 객관식 문제

01. 투자에 대한 설명으로 바르지 못한 것은?

① 투자의사결정 시 투자에 대한 기대수익과 위험은 서로 상충관계에 있으며, 이들은 서로 양(＋)의 관계를 가진다는 사실을 고려하여야 한다.

② 투자자산의 가치는 동일한 위험일 때 기대수익이 클수록 증가하며, 동일한 기대수익을 가질 때 위험이 클수록 감소한다.

③ 일반적으로 투자에 대한 기대수익률의 위험은 분산 또는 표준편차라는 통계측정치를 많이 사용하게 되는데, 이를 위한 특별한 가정은 필요치 않다.

④ 일반적으로 투자자의 투자대상 선정기준은 수익성, 안정성, 유동성이라 할 수 있다.

▌풀이와 답　③
기대수익률의 분포가 정규분포를 따라야 한다는 제약조건이 존재한다.

02. 신주인수권부사채와 전환사채의 차이점을 설명한 것 중 틀린 것은?

① 둘 다 일반사채보다 수익률이 낮다.

② 전환사채는 권리행사시 부채감소, 자본금 증가효과가 나타난다.

③ 둘 다 권리를 행사할 때 그 대금을 신규로 납입해야 한다.

④ 전환사채는 권리를 행사하면 채권이 소멸된다.

▌풀이와 답　③
전환사채의 경우 초과금액을 추가로 납입할 필요가 없다.

03. 옵션이 내재된 신종채권들에 대한 다음 설명 중 바르지 못한 것은?
① 수의상환청구채권은 채권보유자에게 유리한 채권이다.
② 전환사채는 채권의 안정성과 주식투자의 고수익성이라는 특징을 모두 가진다.
③ 신주인수권부사채는 권리를 행사하면 사채가 소멸하지만, 전환사채는 소멸하지 않는다.
④ 신주인수권부사채의 경우 신주인수권을 행사하여 주식을 인수하기 위해서는 별도의 주식납입대금이 필요하다.

▌풀이와 답   ③
전환사채는 권리가 행사된 후 그 권리가 소멸된다.

04. 다음 신종채권들에 대한 설명으로 바르지 않은 것은?
① 전환사채는 전환 이후 자기자본이 되어 재무구조를 개선시키는 효과가 있다.
② 신주인수권부사채는 신주인수권만 따로 분리하여 유통할 수도 있다.
③ 교환사채는 교환권을 행사한 이후에도 발행회사의 자본에 영향을 미치지 않는다.
④ 매도청구권사채는 일반채권보다 낮은 수익률, 높은 가격으로 발행된다.

▌풀이와 답   ④
매도청구권사채는 발행자에게 유리하기 때문에 상대적으로 높은 수익률, 낮은 가격으로 발행되며, 반대로 상환청구권사채는 낮은 수익률, 높은 가격으로 발행된다.

05. 증권을 발행하는 기업의 입장에서 위험부담이 가장 작은 것부터 큰 순서대로 올바르게 나열한 것은?
① 모집주선 – 잔액인수 – 총액인수   ② 총액인수 – 잔액인수 – 모집주선
③ 모집주선 – 총액인수 – 잔액인수   ④ 잔액인수 – 모집주선 – 총액인수

▌풀이와 답   ②
반면 인수기관의 입장에서는 총액인수의 위험부담이 가장 크다.

06. 다음 증권거래의 원칙에 대한 설명들 중 바르지 못한 것은?

① 가격우선의 원칙은 매수주문에는 저가의 호가를, 매도주문에는 고가의 호가를 우선하여 체결한다는 것이다.

② 수량우선의 원칙은 주문수량이 많은 호가를 주문수량이 작은 호가보다 먼저 체결한다는 원칙이다.

③ 시간우선의 원칙은 동일가격의 호가들에 대해서는 먼저 접수된 호가를 우선하여 체결한다는 원칙을 말한다.

④ 위탁매매우선의 원칙은 자기매매 호가보다 위탁매매 호가가 우선된다는 원칙이다.

▌**풀이와 답** ①

가격우선의 원칙은 매수주문에는 고가의 호가가, 매도주문에는 저가의 호가가 우선한다.

07. 매매거래 중단제도인 서킷브레이커$^{circuit\ breaker}$에 대한 설명이다. 다음 중 적절한 설명이 아닌 것은?

① 코스피지수가 전일 대비 10% 이상 하락하여 1분 이상 지속되는 경우에 발동한다.

② 발동횟수는 제한이 없으며, 장 종료 40분 전인 14시 20분 이후에는 발동하지 않는다.

③ 서킷브레이커가 발동되면 증권시장의 모든 종목(채권 제외) 및 주식관련 선물/옵션 시장의 매매거래를 20분간 중단한다.

④ 매매거래중단 후 20분이 경과된 때에 매매거래를 재개하며, 재개 시 최초의 가격은 재개시점부터 10분간 호가를 접수하여 단일가 매매방법에 의하여 결정하며, 그 이후에는 접속매매 방법으로 매매를 체결한다.

▌**풀이와 답** ②

서킷브레이커는 개장 5분 후부터 장이 끝나기 40분 전인 오후 2시 50분까지 발동할 수 있으며, 각 단계별로 하루에 한 번만 발동할 수 있다.

08. 매매거래 중단제도인 사이드카^{side car}에 대한 설명이다. 다음 중 적절한 설명이 아닌 것은?

① 프로그램 매매호가의 효력을 5분간 정지한다.

② 신규취소 및 정정호가의 효력도 정지한다.

③ 1일 1회에 한하여 발동하며, 장 개시 5분 전, 장 종료 40분 전 이후에는 발동하지 않는다.

④ KOSPI 200 지수선물 가격이 기준가격 대비 5% 이상 상승하거나 하락하여 5분간 지속될 경우에 발동한다.

▌풀이와 답 ④

사이드카는 선물가격이 종일종가 대비 5% 이상(코스닥은 6% 이상) 상승 또는 하락해 1분간 지속될 때 발동되며, 일단 발동되면 발동시부터 주식시장 프로그램 매매호가의 효력이 5분간 정지된다.

09. 다음 중 유동화증권 발행이 가능한 자산의 특징이라고 볼 수 없는 것은?

① 매매가 가능할 것

② 자산의 집합이 가능할 것

③ 자산의 성격이 각각 다를 것

④ 자산의 신용도에 대한 분석이 가능할 것

▌풀이와 답 ③

특별히 규정된 제약은 없지만, 일반적으로 자산의 성격이 유사하고 풀링이 가능한 자산들로 유동화 증권을 발행한다.

10. 자산유동화증권이 자산보유자에게 주는 이득이 아닌 것은?

① 조달비용의 절감　　　　② 재무구조의 개선

③ 리스크관리기법의 개선　　④ 상환청구권의 제공

▌풀이와 답 ④

자산유동화증권은 자산보유자에게 상환청구권을 주지 않는다.

11. 헤지펀드에 대한 설명으로 적절하지 않은 것은?

① 헤지펀드의 투자자들은 대체로 공격적 투자를 선호한다.

② 헤지펀드의 투자는 효율적 금융시장에 보다 적합하다.

③ 해외투자에서 헤지펀드의 투자는 환투기 요소가 강하다.

④ 헤지펀드의 투자자는 위험분산효과보다는 더 높은 수익률 추구가 더 중요하다.

▌풀이와 답 ②

헤지펀드의 투자는 효율적 금융시장보다는 시장의 비효율성을 이용한 투기이익을 올리는 동기가 더 강하다.

12. 다음 중 헤지펀드의 특징과 거리가 먼 것은?

① 수익률 극대화를 위해 차입과 공매도가 허용된다.

② 유동성이 낮은 자산을 매매하는 경우가 있어 환매금지기간이 있다.

③ 펀드운용자는 내부정보 문제로 펀드에 투자를 할 수 없다.

④ 일반적으로 사모펀드는 제한 없는 자산운용이 허용된다.

▌풀이와 답 ③

펀드운용자의 책임 있는 운용을 위해 운용자도 헤지펀드에 투자를 한다.

13. 다음 중 코스닥시장의 매매제도에 대한 설명으로 옳은 것은?

① 코스닥 상장법인의 주식을 매도한 이후 결제일 이전에는 거래소 상장 주식을 매수할 수 없다.

② 최소 주문수량단위는 10주이다.

③ 코스닥시장 상장종목에 대해서는 신용거래를 허용하지 않고 있다.

④ 매도한 주식을 결제일까지 확보할 수 있는 경우에는 공매도 주문을 할 수 있다.

▌풀이와 답 ④

코스닥 상장법인의 주식매도 이후 결제일 이전에 재매매가 가능하며, 신용거래는 허용되고, 최소 주문수량단위는 1주이다.

3) 주관식 문제

01. 김씨는 A기업의 주식 300주를 주당 $40에 매입하기 위해 증권사로부터 $4,000를 차입(단, 대출이자율 8%)하여 대금결제에 쓰려 한다. 김씨가 주식을 처음 구입할 때의 자기자본은 얼마인가? 그리고 연말에 주가가 $30으로 하락하는 경우 김씨의 계좌에 남아있는 자기자본 규모는 얼마가 될 것인가? 이 때 김씨의 연말까지 투자수익률은 얼마가 될 것인가?

┃풀이와 답   풀이 참조

주식 매입을 위한 총자금은 $12,000(=300주×$40)이고 $4,000을 차입하였으므로, 자기자본은 $8,000. 그리고 주가가 $30으로 하락하면 주식의 가치는 $9,000로 감소할 것이고 차입한 자금에 대한 연말 이자부담액은 $320(=4000×0.08)이므로, 투자자 계좌에 남아 있는 자기자본 규모는 $4,680(=$9,000−$4,000−$320)가 된다. 따라서 김씨의 연말까지의 보유기간수익률(HPR)=(4,680−8,000)/8,000=−0.415, 즉 41.5%의 손실 발생

02. 기준주가가 60,000원인 A기업은 6월 30일을 기준으로 25%의 유상증자를 실시한다. 발행가격이 50,000원인 경우 이 기업의 권리락 주가는 얼마가 될 것인가?

┃풀이와 답   58,000원

권리락주가=(60,000+(50,000×0.25))/(1+0.25)=58,000원

03. 자본금이 10억원(발행주식수 10만주)인 A기업은 15%의 무상증자를 결의했다. 현재 이 기업의 주가는 6,000원이다. 이 때 무상증자 전후의 시장가치를 비교하라.

┃풀이와 답   풀이 참조

권리락주가=(60,000/1.15)=52,147원,
무상증자 전 시장가치=100,000주×60,000원=60억원
무상증자 후 시장가치=115,000주×52,147원=60억원

04. A기업의 현재 주가는 50,000원이고, 발행주식수는 10만주이다. 30%의 유상증자를 계획하고 있는데, 발행가격이 40,000원인 경우 권리락 주가를 구하고 그 의미를 언급하라.

▌풀이와 답   풀이 참조

권리락주가 $= (50,000 + (40,000 \times 0.3))/(1 + 0.3) = 47,692$원,

이 주식을 50,000원에 매입하고 30%의 유상증자를 받은 투자자는 유상증자 후 주가가 47,692원까지 하락하지 않는 한 투자손실을 본 것이 아니다. 즉, 주가가 47,692원 이상 상승한다면 그 상승분만큼 투자이득이 발생된다고 할 수 있다.

05. A기업의 주식은 현재 주당 25,000원에 거래되고 있다. 현재 이 회사의 총 발행 주식수는 10,000,000주이다. 지금 이 주식은 20%의 유상증자를 통해 신주 2,000,000주를 주당 20,000원에 인수할 수 있는 권리를 부여하려 한다. 이 때, 신주인수권의 이론적 가치는 얼마인가?

▌풀이와 답   833.4원

신주배정비율 $= 200/100 = 0.20$,

이론적 권리락 주가 $= (250 + (200 \times 0.2))/(1.2) = 24,167$

신주인수권의 가치 $= (24,167 - 20,000)/5 = 833.4$원

이 기업의 신주 1주를 인수하면 4,167원의 이익이 발생하지만, 이를 위해서는 구주 5주가 필요하므로, 주식 1주에 포함되어 있는 신주인수권의 가치는 833.4원이다.

06. 다음의 조건을 가진 A기업 전환사채의 전환가치와 전환프리미엄은 각각 얼마인가?

> 전환사채 특성: 액면가 1,000원, 액면이자율 6.5%, 채권가격 1,050원,
>   전환비율 22주
> 주식의 특성: 주식시장가 40원, 연간 배당 1.2원

▌풀이와 답   풀이 참조

전환가치 $= 22$주 $\times 40$원 $= 880$원,

전환프리미엄 $= 1,050$원 $- 880$원 $= 170$원

07. 투자자 김씨는 증권회사에 위탁하여 1,000주(현재 주가 $100)를 공매하였다. 공매의 증거금률은 50%이며, 이는 김씨가 공매의 증거금으로 적어도 $50,000 상당의 현금이나 증권을 계좌에 보유하고 있어야 한다는 뜻이다. 현재 김씨는 $50,000 상당의 국채를 보유하고 있다. 즉, 개시시점에서의 김씨의 현 자산구성은 다음과 같다.

자산		부채 및 자기자본	
현금(주식매각대금)	100,000	주식공매	100,000
국채	50,000	자기자본	50,000

(1) 이 때 개시증거금률은 얼마인가?

(2) 만약 주가가 $70로 하락하면 김씨의 이익은 얼마가 되는가?

(3) 만약 공매에 대한 유지증거금률이 30%라고 하자. 추가증거금 납입요청(margin call)이 발생하기까지 주가는 얼마까지 상승할 수 있는가?

▌풀이와 답   (1) 50%   (2) $30,000   (3) 풀이 참조

(1) 개시증거금률 = 자기자본/빌린주식가치 = 50/100 = 50%

(2) 만약 주가가 $70로 하락하면 계좌를 정리하고 이익을 얻을 수 있으므로, 김씨는 1,000주를 매입 및 상환하며, 이익은 $30,000(= (100 − 70) × 1,000주)가 발생하게 된다.

(3) 자기자본/공매주식가치 = (총자산 − 부채가치)/부채가치
   $$= (150,000 − 1,000 × S)/1,000 × S = 0.3, \quad S = \$115.38$$
   즉, 주가가 $115.38 이상으로 상승하면 추가 증거금 납입이 요구되며, 현금을 추가로 납부하거나 주식을 매입하여 상환함으로써 공매포지션을 청산해야 한다.

위험과 수익률

위험과 수익률

1. 수익률과 위험의 계산

1) 개념정리 문제

서술형

1. 화폐의 시간가치$^{time\ value\ of\ money}$에 대해 설명하시오.

2. 인플레이션과 수익률의 관계에 대해 설명하시오.

3. 실현된 투자수익률과 기대수익률의 개념적 차이에 대해 설명하시오.

4. 산술평균수익률$^{arithmetic\ average\ return}$과 기하평균수익률$^{geometric\ average\ return}$의 차이점에 대해 설명하시오.

5. 수익률^{return}과 위험^{risk}의 관계에 대해 설명하시오.

6. 투자의 기대수익률은 시간에 대한 보상과 위험에 대한 보상으로 구성될 수 있음을 설명하시오.

7. 금융자산의 위험을 수익률의 분산^{variance} 또는 표준편차$^{standard\ deviation}$로 측정하는 이유는 무엇인가?

8. 공분산^{covariance}과 상관계수$^{correlation\ coefficient}$의 개념과 그 차이점에 대해 설명하시오.

단답형

※ **다음이 맞는 내용이면 (O), 옳지 않은 내용이면 (×)로 표시하시오.**

1. 일반적으로 기간이 길수록 단리보다 복리의 금융상품 가치가 더 크다. (　)

2. 이자지급의 빈도수가 증가할수록 명목이자율이 유효이자율보다 높다. (　)

3. 두 자산의 상관계수가 증가함에 따라 분산투자효과는 증대된다. (　)

4. 두 위험자산의 수익률이 완벽한 선형관계를 가지고 있을 때 두 자산 수익률의 상관관계는 −1 또는 1의 값을 가진다. (　)

5. 두 자산의 상관계수가 −1인 경우, 이 두 자산을 결합하여 위험이 전혀 없는 무위험자산을 창출할 수 있다. (　)

6. 두 자산의 상관계수가 0인 경우에도 체계적 위험은 존재한다. (　)

7. 투자자가 포트폴리오를 구성할 때, 모든 투자자들의 목표는 기대수익률을 최대화하는 것이라 할 수 있다. (　)

8. 자산배분에서 투자자가 선택할 수 있는 가장 최적의 포트폴리오는 투자자의 무차별곡선과 효율적 투자기회선이 접하는 점이다. (　)

> ▌풀이와 답
>
> 1. (O)
> 2. (×), 이자지급 빈도수가 증가하면 유효이자율이 명목이자율보다 높아진다.
> 3. (×), 두 자산의 상관계수가 작아질수록 분산투자 효과는 커진다.
> 4. (O)
> 5. (O)
> 6. (O)
> 7. (×), 투자자가 포트폴리오를 구성할 때, 모든 투자자들의 목표는 위험을 최소화하는 것이다.
> 8. (O)

※ **다음 (　)에 적정한 단어를 써 넣으시오.**

9. (　　　　　)은/는 자산의 매입가격과 매도가격의 차이, 즉 시세차익을 말한다. 매수가격은 투자시점에 확실하게 알고 있는 값인 반면, 미래의 매도가격은 확실하게 예측될 수 없는 확률변수이다.

10. (   )은/는 투자수익률의 변동성, 즉 미래의 실제수익률이 기대수익률로부터 편차를 갖게 될 가능성의 크기를 의미한다. 만일 어떤 투자로부터 미래에 얻게 될 실제의 수익률이 기대수익률과 큰 편차를 가질 것으로 예상되거나 또는 그 편차의 발생확률이 클 것으로 예상된다면, 그 투자는 큰 위험을 갖고 있다고 말할 수 있다.

11. 기대수익률이 실현되지 않을 가능성, 즉 위험을 나타내는 척도로서 발생 가능한 수익률과 기대수익률의 차이인 편차를 제곱한 후, 그것의 기대치를 구한 값을 수익률의 (   )(이)라고 하고, 그 값의 제곱근 값을 수익률의 (   )(이)라고 한다.

12. 하나의 자산에 투자하지 않고 여러 자산에 투자하는 경우, 즉 투자자가 보유하는 두 개 이상의 자산으로 구성된 조합을 (   )(이)라고 한다.

13. 두 자산수익률 간 관계를 나타내는 통계치로서 두 자산수익률의 편차를 서로 곱한 값의 기대치로 측정된 값을 수익률의 (   )(이)라고 한다.

14. 공분산을 두 자산수익률의 표준편차를 곱한 값으로 나누어 표준화시킨 것으로, 두 자산수익률이 얼마나 밀접한 선형관계를 가지는지를 나타내는 지표를 수익률의 (   )(이)라고 한다.

15. 구성자산들 간 관계를 나타내는 상관계수가 작을수록, 포트폴리오의 구성자산수가 증가할수록 포트폴리오의 위험이 감소하는 것을 포트폴리오의 (   )(이)라고 한다.

16. 자산의 총위험 중 포트폴리오의 구성자산수를 증가시켜도 제거할 수 없는 위험을 (   )(이)라고 한다.

17. 자산의 총위험 중 포트폴리오의 구성자산수를 증가시킴에 따라 제거할 수 있는 위험을 (   )(이)라고 한다.

18. 동일한 기대수익률을 가지는 투자대상 중에서 위험이 작은 것이 큰 것을 지배하며, 동일한 위험을 가지는 투자대상 자산 중에서는 기대수익률이 큰 것이 작은 것을 지배하는 것을 (   )(이)라고 한다.

19. 주어진 위험 하에서 가장 높은 기대수익률을 갖는 포트폴리오들의 집합을 (   )(이)라고 한다.

20. 효율적 포트폴리오집합 중에서 각자의 위험에 대한 성향에 따라 투자자들이 최종적으로 선택하게 되는 포트폴리오를 (   )(이)라고 한다.

풀이와 답

9. 자본이득$^{capital\ gain}$

10. 위험^{risk}

11. 분산^{variance}, 표준편차$^{standard\ deviation}$

12. 포트폴리오^{portfolio}

13. 공분산^{covariance}

14. 상관계수$^{correlation\ coefficient}$

15. 위험분산효과$^{diversification\ effect}$

16. 체계적 위험$^{systematic\ risk}$

17. 비체계적 위험$^{unsystematic\ risk}$

18. 지배의 원리$^{principle\ of\ dominance}$

19. 효율적 포트폴리오$^{efficient\ portfolio}$

20. 최적 포트폴리오$^{optimal\ portfolio}$

2) 객관식 문제

01. 산술평균수익률과 기하평균수익률 간의 차이에 관한 설명 중 옳은 것은?

① 수익률의 변동성이 증가할 때 증가한다.

② 수익률의 변동성이 감소할 때 증가한다.

③ 항상 음(−)의 값이다.

④ 평균을 계산하는 특정수익률에 의존하며, 반드시 변동성에 민감한 것이 아니다.

풀이와 답 ①

수익률의 변동성이 증가할 때, 산술평균수익률보다 기하평균수익률의 증가 폭이 더 커진다.

02. 포트폴리오에 대한 다음 설명 중 옳은 것은?

① 투자자의 무차별곡선과 마코위츠의 효율적 포트폴리오와 만나는 점에서 최적 포트폴리오가 결정된다.

② 효율적 포트폴리오는 체계적 위험이 제거된 상태를 의미한다.

③ 투자자들이 포트폴리오에 투자하는 이유는 포트폴리오의 기대수익률을 증가시키면서 위험을 줄일 수 있기 때문이다.

④ 포트폴리오의 위험분산효과는 비체계적 위험이 감소해서 줄어드는 것이지 체계적 위험이 감소해서 줄어드는 것은 아니다.

┃ 풀이와 답   ④

투자자의 무차별곡선과 효율적 포트폴리오의 접점에서 최적 포트폴리오가 결정되며, 투자자들이 포트폴리오에 투자하는 이유는 비체계적 위험의 크기를 줄일 수 있기 때문이다.

03. 포트폴리오의 분산효과에 대한 설명으로 옳은 것은?

① 완전한 분산투자는 모든 위험을 제거한다.

② 양(+)의 상관계수를 가지는 주식들 사이에는 분산투자 효과가 없다.

③ 포트폴리오에 포함된 주식의 종류가 많을수록 총위험은 일정 수준까지 줄어든다..

④ 분산투자로 포트폴리오의 기대수익률은 줄어든다.

┃ 풀이와 답   ③

완전한 분산투자는 비체계적 위험을 제거하고, 상관계수가 1보다 작으면 분산투자효과가 존재하며, 분산투자로 기대수익률에는 영향을 미치지 못한다.

04. 포트폴리오 분산효과의 원인에 대한 설명으로 옳은 것은?

① 구성주식수가 늘어날수록 체계적 위험이 감소하기 때문이다.

② 포트폴리오를 구성하는 주식들에게 공통적으로 영향을 미치는 요인이 줄어들기 때문이다.

③ 포트폴리오를 구성하는 주식의 수익률 분포가 서로 다르기 때문이다.

④ 위험과 기대수익률 간에는 선형관계가 있어서 위험이 줄어들수록 기대수익률이 낮아지는데 구성주식수를 늘리면 포트폴리오의 수익률이 낮아지기 때문이다.

▌풀이와 답 ③

수익률의 분포가 다르면 각 주식 간의 상관계수가 낮아 분산투자 효과가 발생한다.

05. 공분산과 상관계수에 대한 설명으로 옳지 않은 것은?

① 공분산은 각 확률변수의 움직임이 동일한 방향인지, 반대 방향인지를 측정하는 지표이다.

② 공분산은 상관계수를 각각의 표준편차의 곱으로 나누어 표준화시킨 값이다.

③ 공분산은 무한대 범위의 값을 가지지만, 상관계수는 −1에서 1사이의 값을 가진다.

④ 상관계수는 각 확률변수 간 관계의 방향과 정도를 나타내는 측정치이다.

▌풀이와 답 ②

상관계수는 공분산을 각각의 표준편차의 곱으로 나누어 표준화시킨 값이다.

06. 어떤 위험회피형 투자자는 현재 주식 A를 보유하고 있지만 추가로 주식 S나 주식 P를 자신의 포트폴리오에 포함할 것을 고려하고 있다. 세 주식은 모두 동일한 기대수익률과 총위험을 갖고 있다. 주식 A와 주식 S의 공분산은 −0.50이고 주식 A와 주식 P의 공분산은 0.50이다. 향후 포트폴리오의 위험은 어떻게 될 것으로 예상되는가?

① 투자자가 주식 S를 매수할 때 더 감소한다.

② 투자자가 주식 P를 매수할 때 더 감소한다.

③ 주식 S나 주식 P를 매수할 때 증가한다.

④ 다른 요인들에 의해 증가하거나 감소한다.

▌풀이와 답 ①

주식 A와 공분산(상관계수)의 값이 작은 주식 S를 결합하는 것이 위험을 더 감소시킨다.

3) 주관식 문제

01. 주식 A의 주가가 1년 후에 20,000원에서 30,000원으로 상승하고, 2년 후에 30,000원에서 15,000원으로 하락할 때, 이 주식의 산술평균수익률과 기하평균수익률을 각각 구하시오.

▌풀이와 답　풀이 참조
산술평균수익률 = $[(10,000/20,000) + (-15,000/30,000)]/2 = 0.00\%$,
기하평균수익률 = $[(1+10,000/20,000) \times (1+(-15,000/30,000))]^{1/2} - 1 = -13.40\%$

02. 1년 안에 투자원금을 두 배로 늘릴 확률과 반으로 줄어들 확률이 각각 50%인 금융상품이 있다. 이 금융상품의 기대수익률과 표준편차는 각각 얼마인가?

▌풀이와 답　**기대수익률: 25%, 표준편차: 75%**
$E(R_P) = 0.5 \times 1.0 + 0.5 \times (-0.5) = 0.25, \quad 25\%$
$\sigma^2 = [0.5 \times (1-0.25)^2 + 0.5 \times (-0.5-0.25)^2] = 0.563, \quad \sigma = 0.75$

03. 투자자 김씨가 5,000원에 주식을 매입하여 200원의 현금배당을 받은 후 5,800원에 매각하였다. 세금이 면제될 경우 이 주식의 투자수익률은 20%가 된다. 만약 자본이득에는 30%의 세율이, 배당소득에는 20%의 세율이 적용된다면 투자자 김씨의 세후투자수익률은 얼마가 될 것인가?

▌풀이와 답　**14.4%**
$(5,800 - 5,000) \times (1-0.30)/5,000 + 200 \times (1-0.20)/5,000 = 0.144$

04. 주식 A에 대한 1년 후 주가의 확률분포가 다음과 같다. 현재 100원으로 주식 A를 매수하였고, 5원의 배당을 받을 예정이다. 기대보유기간수익률은 얼마인가?

	확률	주가
호황	30%	120원
정상	50%	110원
불황	20%	80원

▌풀이와 답   12%

$$E(R_A) = (0.3) \times (25/100) + (0.5) \times (15/100) + (0.2) \times (-15/100) = 0.12$$

05. 다음 각각의 예상되는 시장상황에서의 주식 X와 Y의 수익률이 다음과 같을 때, 각 주식의 기대수익률과 표준편차는 얼마인가?

	약세시장	정상시장	강세시장
확률	0.2	0.5	0.3
주식 X	−20%	18%	50%
주식 Y	−15%	20%	10%

▌풀이와 답 $E(R_X)=0.2$, $E(R_Y)=0.1$, $\sigma_X=0.2433$, $\sigma_Y=0.1323$

06. 주식 A는 현재 10,000원에 거래되고 있다. 이 주식은 연말까지 두 가지 상황이 나타날 것으로 예상되며, 이 기업의 주가와 배당은 각각의 상황에서 다음과 같이 예상되고 있다. 이 주식의 기대수익률은 얼마인가?

경제상황	확률	주가(원)	배당(원)
호황	0.3	12,000	1,000
보통	0.7	10,000	500

▌풀이와 답   0.125

$$E(R_{호황}) = (12,000 - 10,000 + 1,000)/10,000 = 0.30$$
$$E(R_{호황}) = (10,000 - 10,000 + 500)/10,000 = 0.05$$
$$E(R_A) = 0.30 \times 0.3 + 0.05 \times 0.7 = 0.125$$

07. A기업의 현 주가는 $40이고, 연말까지 경제상태별 배당금과 연말주가는 다음과 같다.

경제상태	확률	배당	주가
호황	1/3	$2.00	$50
정상	1/3	$1.00	$43
불황	1/3	$0.50	$34

(1) 이 주식의 연말까지의 기대수익률과 표준편차를 각각 계산하시오.

(2) T-bill(무위험자산)과 A기업에 각각 50%씩 투자할 때, 이 포트폴리오의 기대수익률과 표준편차를 각각 계산하시오. 이 때 T-bill의 기대수익률은 4%로 가정한다.

▌풀이와 답   풀이 참조

(1) 각각의 시나리오에서,

호황: $(50 - 40 + 2)/40 = 0.30$

정상: $(43 - 40 + 1)/40 = 0.10$

불황: $(34 - 40 + 0.50)/40 = -0.1375$

$$E(R_A) = [(1/3) \times 30\%] + [(1/3) \times 10\%] + [(1/3) \times (-13.75\%)] = 8.75\%$$

$$\sigma(R_A) = [(1/3) \times (30\% - 8.75\%)^2] + [(1/3) \times (10\% - 8.75\%)^2]$$
$$+ [(1/3) \times (-13.75\% - 8.75\%)^2]$$
$$= 17.88\%$$

(2) $E(R_P) = (0.5 \times 8.75\%) + (0.5 \times 4\%) = 6.375\%,$

$\sigma(R_P) = 0.5 \times 17.88\% = 8.94\%$

08. 다음 세 주식의 기대수익률, 표준편차, 상관계수 추정치는 다음과 같다.

주식	기대수익률	표준편차	상관계수		
			A	B	C
A	0.12	0.08	1.0		
B	0.16	0.10	0.5	1.0	
C	0.18	0.12	0.5	-1.0	1.0

(1) 주식 A와 주식 B에 같은 금액으로 투자한 포트폴리오의 표준편차는 얼마인가?

(2) A, B, C 주식 모두에 같은 금액의 투자를 한다면 그 포트폴리오의 기대수익률과 표준편차는 각각 얼마인가?

(3) 주식 B와 C를 결합한 포트폴리오를 만들려고 한다. 어떤 투자비율로 포트폴리오를 선택하는 것이 위험을 최소화시킬 수 있는가?

▌풀이와 답   풀이 참조

(1) $\sigma(R_P) = [(0.5)^2(0.08)^2 + (0.5)^2(0.10)^2 + 2(0.5)(0.5)(0.08)(0.10)(0.5)]^{(1/2)}$
$= 0.078102, \quad 7.81\%$

(2) $E(R_P) = (1/3)(0.12) + (1/3)(0.16) + (1/3)(0.18) = 0.153, \quad 15.3\%$

$\sigma(R_P) = [(1/3)^2(0.08)^2 + (1/3)^2(0.10)^2 + (1/3)^2(0.12)^2$
$\quad\quad + 2(1/3)(1/3)(0.08)(0.10)(0.5) + 2(1/3)(1/3)(0.08)(0.12)(0.5)$
$\quad\quad + 2(1/3)(1/3)(0.10)(0.12)(-1.0)]^{(1/2)} = 0.0521, \quad 5.21\%$

(3) $\sigma(R_P) = [(W_1)^2(0.08)^2 + (1-W_1)^2(0.12)^2$
$\quad\quad + 2(W_1)(1-W_1)(0.08)(0.12)(-1)]^{(1/2)}$
$\quad\quad = 0$

$W_1 = 0.6, \ W_2 = 0.4$일 때, 포트폴리오의 표준편차는 0으로 최소화된다.

09. 주식 A, B의 기대수익률은 각각 12%와 18%이고, 표준편차는 각각 7%와 10%인 경우, 두 주식 간의 상관계수가 0.6일 때, 최소분산포트폴리오의 위험(표준편차)은 얼마인가?

▌풀이와 답 6.95%

$\sigma_{AB} = 0.07 \times 0.1 \times 0.6 = 0.0042,$

$w_A = (0.1^2 - 0.0042)/(0.07^2 + 0.1^2 - 2 \times 0.0042) = 0.8923$

$\sigma_P^2 = (0.8923)^2(0.07)^2 + (0.1077)^2(0.1)^2$
$\quad\quad + 2 \times 0.8923 \times 0.1077 \times 0.0042 = 0.004825$

$\sigma_P = 0.0695$

10. 시장에는 두 개의 위험자산 A와 B만 존재하고, 이 두 자산의 공분산은 0의 값을 가진다고 가정한다. 이 두 위험자산의 기대수익률은 동일하며, 위험(표준편차) 역시 서로 동일하다. 위험회피적인 투자자 김씨는 두 개의 위험자산 A와 B로 포트폴리오를 구성하려고 한다. 투자자 김씨의 최적 포트폴리오에서 위험자산 A에 대한 투자비율은 얼마인가?

▌풀이와 답 1/2

$E(r_P) = w_A E(r_A) + (1-w_A)E(r_A) = E(r_A),$

$\sigma_P^2 = w_A^2 \sigma_A^2 + (1-w_A^2)\sigma_A^2 + 0$

$w = \sigma_B^2/(\sigma_A^2 + \sigma_B^2) = 1/2$

11. 기대수익률이 0.1, 표준편차가 0.05인 주식 A와 기대수익률이 0.2, 표준편차가 0.1인 주식 B가 존재한다. 두 주식의 상관계수가 0이라고 할 때, 최소분산포트폴리오의 기대수익률(X)과 주식 B와 같은 총위험을 갖는 A와 B로 구성된 포트폴리오의 기대수익률(Y)을 구하시오.

▌풀이와 답 4%

최소분산포트폴리오(MVP)의 $w_A = (\sigma_B^2 - \sigma_{AB})/(\sigma_A^2 + \sigma_B^2 - 2\sigma_{AB}) = 0.8$

MVP의 $E(r_P) = 0.8 \times 0.1 + 0.2 \times 0.2 = 0.12$,

$E(r_B) - E(r_P) = 0.2 - 0.12 = 0.08$

따라서 $Y = 0.12 - 0.08 = 0.04$

12. 투자자 A는 \$900,000의 잘 분산된 포트폴리오를 가지고 있는 상황에서 \$100,000의 주식 K를 상속받았다. 투자자 A의 재무상담사는 다음과 같은 정보를 제공하였다. 상관계수는 0.4이다.

	기대수익률	표준편차
잘 분산된 포트폴리오	0.67%	2.37%
주식 K	1.25%	2.95%

(1) 상속으로 투자자 A의 전체 포트폴리오가 변화하였다. 이에 투자자 A는 주식 K를 계속 보유해야 하는가를 결정하려고 한다. 투자자 A가 주식 K를 계속 보유한다는 가정 하에서 주식 K를 포함하는 새로운 포트폴리오의 기대수익률은 얼마인가? 또한 주식 K와 원래 잘 분산된 포트폴리오의 공분산과 주식 K가 포함된 새로운 포트폴리오의 표준편차는 각각 얼마인가?

(2) 투자자 A가 주식 K를 매도하고 대신 0.42%의 수익률을 얻을 수 있는 무위험채권에 투자한다고 하자. 무위험채권을 포함하는 새로운 포트폴리오의 기대수익률과 표준편차는 각각 얼마인가?

(3) 만약 주식 K와 기대수익률 및 표준편차가 동일한 주식 S로 주식 K의 교체를 권유받았을 경우 다음 중 옳은 설명은?

① 주식 K 보유와 주식 S 보유는 동일하여 교체해도 상관없다.

② 주식 K 보유와 주식 S 보유는 주관적인 판단에 의해서 결정해야 한다.

③ 주식 K 보유와 주식 S 보유는 동일하지 않다.

④ 위의 정보로는 알 수 없다.

▌풀이와 답　풀이 참조

(1)　$E(R_P) = 0.728\%$, 공분산 $= 2.8\%$, $\sigma(R_P) = 7.4187\%$

(2)　$E(R_P) = 0.645\%$, $\sigma(R_P) = 2.13\%$

(3)　③

13. 시장에 존재하는 모든 위험주식의 분산은 0.49이며 모든 주식 간의 상관계수는 0.3이다. 김씨는 평균적으로 위험(표준편차)이 40% 이하인 효율적 균등가중 포트폴리오를 구성하고자 한다. 이를 위해 필요한 최소한의 주식 수는 얼마인가?

▌풀이와 답　27주

$$\sigma_P^2 = (0.49 - 0.147)/n + 0.147 \leq 0.4^2, \quad n \geq 26.385$$

14. 시장에 존재하는 모든 위험자산의 분산평균이 4%이고, 시장의 위험자산 중에서 임의의 5개 자산에 균등 투자한 포트폴리오를 구성한다고 하였을 때의 포트폴리오 분산의 평균값이 1.6%라고 한다. 이 중 분산 기준의 분산불가능한 위험은 얼마인가?

▌풀이와 답　1%

$$0.016 = (0.04 - \overline{\sigma_{ij}})/5 + \overline{\sigma_{ij}}, \quad \overline{\sigma_{ij}} = 0.01 \,(\text{체계적 위험})$$

15. 주식 A의 기대수익률은 20%이고, 표준편차는 25%이다. 무위험수익률이 10%일 때, 위험보상비율은 얼마인가?

▌풀이와 답　40%

$$(20 - 10)/25 = 0.40$$

16. 당신은 기대 위험프리미엄 10%, 기대 표준편차 14%인 주식펀드를 운용하고 있다. T-bill 수익률은 6%이다. 고객은 자신의 포트폴리오에서 $60,000는 이 회사의 주식펀드에, $40,000는 T-bill 시장펀드에 투자하기로 하였다. 당신의 고객 포트폴리오 수익률의 기대수익률과 표준편차는 얼마인가? 그리고 이 펀드의 위험보상비율(=위험프리미엄/표준편차)은 얼마인가?

▌풀이와 답 71.4%

$R_A - R_f = 0.1,\ \sigma_A = 0.14,\ R_f = 0.06$ 이므로 $R_A = 0.16$

$R_P = (0.6) \times (0.16) + (0.4) \times (0.06) = 0.12$

$\sigma_P = [(0.6^2) \times (0.14^2) + (0.4^2) \times (0^2) + 2 \times (0.6) \times (0.4) \times (0)]^{1/2}$

$\quad = 8.4\%$

위험보상비율 $= (0.12 - 0.06)/0.084 = 0.714$

17. 어떤 위험자산으로부터 연말에 500만원과 1,000만원이 각각 50%의 확률로 얻어 질 것으로 예상된다. 무위험자산으로 간주되는 통안증권의 수익률은 연 3%이다.

(1) 이 위험자산에 대해 투자자가 요구하는 위험프리미엄이 8%라면, 이 위험자산의 시장가격은 얼마여야 하는가?

(2) 실제의 시장가격이 위에서 구해진 가격과 같다면, 이 위험자산의 기대수익률과 표준편차는 어느 정도인가?

▌풀이와 답 풀이 참조

(1) 연말의 기대현금흐름 $= (0.5) \times 500만 + (0.5) \times (1,000만) = 750만원$

적절한 할인율 $= 0.03 + 0.08 = 0.11$이 되므로,

시장가격은 $750만/(1 + 0.11) = 675.67만원$

(2) 현금흐름이 500만원일 경우

: 수익률 $= (500만 - 675.67만)/675.67만 = -0.26$

현금흐름이 1,000만원일 경우

: 수익률 $= (1,000만 - 675.67만)/675.67만 = 0.48$

따라서 기대수익률, $E(R) = (0.5) \times (-0.26) + (0.5)(0.48) = 0.11$

표준편차, $\sigma = [(0.5)(-0.26 - 0.11)^2 + (0.5)(0.48 - 0.11)^2]^{1/2} = 0.37$

18. 시장포트폴리오의 위험프리미엄은 8%, 표준편차는 22%로 알려져 있다. 투자자 김씨는 투자자금의 25%를 $\beta = 1.15$인 주식 A에, 75%를 $\beta = 1.25$인 주식 B에 투 자하였다. 이 때 이 포트폴리오의 위험프리미엄은 얼마가 될 것인가?

▌풀이와 답 9.8%

$\beta_P = (0.75 \times 1.25) + (0.25 \times 1.15) = 1.225$이므로,

$E(R_P) - R_f = (E(R_M) - R_f) \times \beta_P = (0.08) \times (1.225) = 0.098$

19. 당신은 현재 15%의 기대수익률과 40%의 표준편차를 갖고 있는 위험포트폴리오 P를 관리하고 있다. 그리고 시장에서 이용가능한 무위험자산 포트폴리오인 MMF의 수익률은 6%라고 한다.

(1) 투자자금의 70%를 당신의 펀드 P에 투자하고 30%를 MMF에 투자하고자 결정하였을 때, 이 고객이 갖게 될 포트폴리오 K의 기대수익률과 표준편차는 얼마가 되겠는가?

(2) 당신이 관리하고 있는 위험포트폴리오가 A주식 24%, B주식 42%, C주식 34%로 이루어져 있다고 하자. 당신의 고객이 갖고 있는 완성포트폴리오 전체를 구성하고 있는 각 자산(MMF 포함)의 투자비율은 어떻게 이루어져 있는가?

(3) 당신이 관리하고 있는 위험포트폴리오의 위험보상률($RVAR$)은 얼마인가?

(4) 당신의 고객이 18%의 기대수익률을 얻도록 하기 위하여, 위험포트폴리오에 W 만큼 투자하고 $(1-W)$를 MMF에 투자하고자 한다. 이 위험포트폴리오에의 투자비율 W는 얼마여야 하는가? 그리고 당신의 고객이 갖게 될 완성포트폴리오는 각 자산별로 어떻게 구성되어 있으며, 표준편차 크기는 얼마인가?

┃풀이와 답　　풀이 참조

(1) $E(R_K) = (0.7)(0.15) + (0.3)(0.06) = 0.123$,　　$\sigma_K = (0.7) \times (0.4) = 0.28$

(2) 주식 A: $(0.24) \times (0.7) = 0.168$,　　16.8%
　　주식 B: $(0.42) \times (0.7) = 0.294$,　　29.4%
　　주식 C: $(0.34) \times (0.7) = 0.238$,　　23.8%　　MMF: 0.3,　　30%

(3) $RVAR = (0.15 - 0.06)/(0.4) = 0.225$,　　22.5%

(4) $W(0.15) + (1 - W)(0.06) = 0.18$,　　$W = 1.333$
　　주식 A: $(0.24) \times (1.333) = 0.32$,
　　주식 B: $(0.42) \times (1.333) = 0.56$,
　　주식 C: $(0.34) \times (1.333) = 0.453$,
　　MMF: -0.333
　　$\sigma_C = (1.333) \times (0.4) = 0.5333$

20. 상관계수가 −1인 두 주식의 정보가 다음과 같을 때, 무위험수익률을 구하라.

주식	기대수익률	표준편차
A	0.08	0.40
B	0.13	0.60

▌풀이와 답   10%

$$0 = W(0.4) - (1 - W)(0.6), \quad W = 0.6,$$
$$E(R_f) = 0.6 \times 0.08 + 0.4 \times 0.13 = 0.1$$

2. 위험과 효용

1) 개념정리 문제

서술형

1. 투자자 효용^{utility}의 개념에 대해 설명하시오.

2. 한계효용$^{marginal\ utility}$의 개념과 무차별곡선$^{indifference\ curve}$에 대해 설명하시오.

3. 투자자의 위험회피에 관한 세 가지 유형에 대해 설명하시오.

4. 확실성등가$^{certainty\ equivalent}$의 개념에 대해 설명하시오.

단답형

※ 다음 ( )에 적정한 단어를 써 넣으시오.

1. (   )은/는 선호의 지수 또는 선호의 척도로 정의되며, 어떤 경제적 결과에 대해 선호하는 정도를 나타낸 지수를 의미한다. 이는 개인 선호의 태도를 반영하는 것이기 때문에 이의 크기는 금액의 크기에 반드시 비례하여야 할 필요가 없다.

2. 개인선호의 태도가 일관성 있는 체계를 보여 준다면, 이 선호의 태도를 (   )로 나타낼 수 있다. 어떤 사람이 다양한 투자기회 중 가장 바람직한 것을 선택하고자 할 때, 이를 이용하여 각 투자기회로부터 얻을 수 있는 효용의 크기를 계산하고 가장 큰 효용을 가져다주는 투자기회를 선택하려 할 것이다.

3. 대부분의 사람들의 경우, 10억원을 갖고 있을 때 얻어지는 100만원의 소득 증가보다 1,000만원의 재산이 있을 때 얻어지는 100만원의 소득 증가가 더 큰 효용의 증가를 가져다준다고 생각한다. 즉, 한 단위의 부의 증가로부터 얻어지는 효용의 증가분을 (   )(이)라고 정의하며, 이것은 부가 증가함에 따라 점차 감소하게 되는데, 이를 (   )(이)라고 한다.

4. 투자자산이 미래에 가져다주는 부의 크기는 불확실하므로, 그 부의 크기는 확정된 값이 아니라 확률분포로 나타내진다. 따라서 효용함수의 구체적 형태가 알려져 있다면, 어떤 자산에 투자하여 얻게 될 부의 확률분포의 크기로부터 효용의 확률분포를 얻어낼 수 있으며, 또 효용의 확률분포가 얻어지면 확률의 기대치, 즉 (   )도 쉽게 구할 수 있다.

5. (   )은/는 어떤 불확실한 부의 기대효용과 동일한 효용을 갖는 확실한 부의 크기로 정의된다.

6. 위험이 있는 투자의 기대 부와 확실성등가의 차이는 위험을 부담하는 대가로 여겨지며, 이를 (   )(이)라고 한다.

7. (   )형 투자자는 위험을 싫어하는 투자자로서, 다른 조건이 일정하다면 가능한 적은 위험을 부담하려는 투자자이다. 따라서 그들은 위험에 대한 대가, 즉 위험프리미엄이 적절한 정도로 주어질 때에만 위험을 부담하고자 한다.

8. (   )형 투자자는 더 큰 위험을 선호하는 사람들로서, 한계효용이 체증하는 효용함수를 가진다. 예를 들어 재산과 소득이 매우 낮은 사람들은 로또와 같이 위험이 큰 투자를 선호하는데, 실패하더라도 더 잃을 것이 없고 성공하면 큰 것을 얻을 수 있기 때문이다.

9. (   )형 투자자는 위험의 크기에 관계없이 기대 부에 의해서만 의사결정을 하는 사람들로서, 효용함수가 우상향의 직선으로 나타난다.

▌풀이와 답

1. 효용^{utility}
2. 효용함수$^{utility\ function}$
3. 한계효용$^{marginal\ utility}$, 한계효용체감의 법칙
4. 기대효용$^{expected\ utility}$
5. 확실성등가$^{certainty\ equivalent}$
6. 위험프리미엄$^{risk\ premium}$
7. 위험회피형$^{risk\ averse}$
8. 위험추구형$^{risk\ seeking}$
9. 위험중립형$^{risk\ neutral}$

2) 객관식 문제

01. 다음 설명 중 옳은 것은?

① 위험회피자의 경우 기대효용은 기댓값의 효용보다 크다.

② 위험선호자의 경우 기대 부가 확실성등가보다 크다.

③ 기대 부와 현재 부가 일치한다면 겜블의 비용은 위험프리미엄과 동일하다.

④ 차입하여 시장포트폴리오를 추가적으로 매입하는 사람은 위험선호자이다.

▌ **풀이와 답   ③**

위험회피자는 기대효용이 기댓값의 효용보다 작고, 위험선호자는 기대 부가 확실성등가보다 작으며, 차입하여 시장포트폴리오를 추가 매입하는 사람은 위험회피도가 낮은 위험회피자이며, 기대 부와 확실성등가가 동일한 경우가 위험중립자이다.

02. 다음 설명 중 옳은 것은?

① 위험회피형 투자자는 공정한 게임에 참가하지 않는다.

② 위험중립형 투자자는 오직 위험에 의해서만 투자안을 선택한다.

③ 위험선호형 투자자는 동일한 수익률을 가지는 투자안 중에서 더 낮은 위험을 갖는 투자안을 선택한다.

④ 위험선호형 투자자는 부가 증가할수록 효용은 증가하고 한계효용은 일정하다.

▌ **풀이와 답   ①**

위험회피자는 공정한 게임보다는 확실한 이익을 주는 게임에만 참여하려고 할 것이고, 위험중립자는 수익률을 기준으로 투자안을 선택한다.

03. 총 1억원의 투자자금으로 다음의 주식들을 활용하여 세 가지의 포트폴리오를 구축하였을 때, 위험회피형 투자자의 투자행태에 대한 설명으로 가장 적절한 것은?

$$E(R_A) = 8\%, \quad E(R_B) = 10\%, \quad \sigma_A = 10\%, \quad \sigma_B = 15\%, \quad Cov(R_A, R_B) = -0.006$$

포트폴리오	주식 A	주식 B
I	1억원	–
II	5천만원	5천만원
III	–	1억원

① 포트폴리오 I은 적절한 투자안이 될 수 있다.

② 포트폴리오 II는 적절한 투자안이 될 수 있다.

③ 지배원리에 의하면 포트폴리오 III은 II보다 효율적인 투자안이므로 II를 지배한다.

④ 위험회피도가 낮은 투자자는 포트폴리오 III에 비하여 I을 선택할 가능성이 높다.

▌풀이와 답 ②

포트폴리오별 위험과 수익률을 비교하여 상대적 우위를 살펴본다.

3) 주관식 문제

01. 효용함수는 $U = E(R) - (0.5)(A)\sigma^2$이다($R$은 자산의 수익률, σ는 표준편차, A는 투자자의 위험회피도). 그리고 어떤 두 자산의 기대수익률과 표준편차는 다음과 같다.

	기대수익률	표준편차
자산 1	0.20	0.20
자산 2	0.40	0.50

(1) 투자자의 위험회피도가 4일 때, 이 두 자산 각각의 효용의 크기를 계산하시오.

(2) 이 두 자산을 결합하여 포트폴리오를 구성할 경우, 포트폴리오의 기대수익률, 표준편차 및 효용의 크기를 알고자 한다. 아래 표의 빈칸을 채우시오.

투자비율		기대수익률	표준편차	효용
자산 1	자산 2			
0	1			
0.25	0.75			
0.5	0.5			
0.75	0.25			
1	0			

▌ 풀이와 답　풀이 참조

(1) $U_1 = 0.20 - (1/2)(4)(0.04) = 0.12,$

　　$U_2 = 0.40 - (1/2)(4)(0.25) = -0.10$

(2)

투자비율		기대수익률	표준편차	효용
자산 1	자산 2			
0	1	0.40	0.50	-0.1
0.25	0.75	0.35	0.4069	0.0187
0.5	0.5	0.30	0.3201	0.0950
0.75	0.25	0.25	0.2462	0.1287
1	0	0.20	0.2	0.12

02. 효용함수는 $U = E(R) - (0.5)(A)\sigma^2$와 같고, 위험회피도($A$)가 4와 같다면 어떤 투자안을 선택해야 하는가? 그리고 만약 위험중립형이라면 어떤 투자안을 선택해야 하는가?

투자안	기대수익률	표준편차
1	0.12	0.30
2	0.15	0.50
3	0.21	0.16
4	0.24	0.21

▌ 풀이와 답　풀이 참조

각 투자안에 대한 효용크기는 아래와 같이 계산될 수 있으므로, 효용이 가장 큰 투자안 3을 선택한다.

투자안	기대수익률	표준편차	효용(U)
1	0.12	0.30	-0.0600
2	0.15	0.50	-0.3500
3	0.21	0.16	0.1588
4	0.24	0.21	0.1518

그리고 만약 위험중립적이라면 위험의 크기에 상관없이 기대수익률이 가장 큰 투자안이 효용이 가장 크기 때문에 투자안 4를 선택한다.

03. 김씨의 효용함수는 $U = 100 \times \ln(W)$(단, W는 부의 크기)와 같다. 그리고 현재 김씨의 부는 1억원이며, 이 중 4천만원을 투자하여 3천만원의 현금흐름을 40%의 확률로 얻거나 5천만원의 현금흐름을 60%의 확률로 얻는 투자기회를 갖고 있다.

(1) 김씨가 이 투자기회를 실행하게 되면 그의 기대효용은 어떻게 달라질 것인가?

(2) 김씨가 이 투자기회를 실행할 경우 그의 부의 확실성등가는 얼마가 되는가?

▌풀이와 답 **(1)** 1,843.57 **(2)** 1억151.47만원

(1) $E(U) = (0.4) \times (100 \times \ln(9000만)) + (0.6)(100 \times \ln(1억1천만)) = 1,843.57$

(2) $100 \times \ln(CE) = 1843.57$, 확실성등가($CE$) = 1억151.47만원

04. 김씨의 현재 부는 10,000원이며, 그의 부에 대한 효용함수는 $U(W) = \sqrt{W}$이다. 그는 현재 1,000원을 획득할 확률이 40%, 2,000원을 획득할 확률이 60%인 한 게임에 참여할 것을 고려하고 있다. 김씨가 이 게임에 참여할 때의 최대한 지불할 용의가 있는 게임 참가비는 얼마가 될 것인가?

▌풀이와 답 $-1,595$원

'게임의 참가비 = 현재 부 - 확실성등가'이므로,

$= 10,000 - [0.4 \times 104.88 + 0.6 \times 109.55]^2 = -1,595$원

3. 포트폴리오를 활용한 자산배분전략

1) 개념정리 문제

서술형

1. 수익률과 위험 간 지배의 원리란 무엇인가?

2. 효율적 프론티어^{efficient frontier}에 대해 설명하시오.

3. 토빈의 분리정리^{Tobin's Separation Theorem}에 대해 설명하시오.

4. 포트폴리오의 위험분산 효과와 그 위험 측정치인 베타^{beta}에 대해 설명하시오.

5. 무위험이자율^{risk-free rate}과 시장포트폴리오^{market portfolio}의 이론적 개념에 대해 설명하시오.

6. 체계적 위험^{systematic risk}과 비체계적 위험^{unsystematic risk}의 개념과 차이점에 대해 설명하시오.

7. 자본시장선(CML ^{Capital Market Line})과 증권시장선(SML ^{Security Market Line})의 개념과 차이점에 대해 설명하시오.

단답형

※ 다음이 맞는 내용이면 (○), 옳지 않은 내용이면 (×)로 표시하시오.

1. 시장포트폴리오는 어떤 비효율적 포트폴리오보다 위험보상비율이 크다. (   )

2. 토빈의 분리정리에 의하면 투자자들은 자신의 효용함수와 관계없이 최적 포트폴리오를 선택하게 된다. (   )

3. 자본시장이 균형인 상태에서는 모든 자산의 기대수익률이 자본시장선(CML)상에 놓이게 된다. (   )

4. 기대수익률이 증권시장선(SML)에 의한 균형수익률보다 높은 자산은 가격이 과대평가되어 있는 자산이다. (   )

5. SML을 CML상에 존재하는 효율적 포트폴리오에 적용하면 CML과 같아진다.
(   )

6. 시장포트폴리오와의 상관계수가 +1인 포트폴리오의 경우에는 CML에 의한 기대 수익률과 SML에 의한 기대수익률이 언제나 일치한다. ( )

7. 다른 조건이 동일한 상태에서 시장참가자들이 더 위험회피적이 되면, 증권시장선 (SML)의 기울기가 더 커진다. ( )

8. 개별자산의 진정한 위험은 총위험이 아니라 체계적 위험의 크기만으로 평가되어야 한다. ( )

9. 모든 투자자들이 시장에 존재하는 모든 위험자산을 포함하고 있는 시장포트폴리 오에 투자할 경우, 시장포트폴리오에 포함되는 각 위험자산에 대한 투자비율은 시장포트폴리오인 시장 전체 위험자산의 총시장가치 중에서 각 위험자산이 차지 하는 시장가치의 비율이 되어야 한다. ( )

10. 투자자들의 위험자산에 대한 투자금액은 각각 다르지만 위험자산에 대한 구성비 율은 투자자 모두에게 동일하게 된다. ( )

11. SML에서 다른 조건은 동일하고 시장포트폴리오의 기대수익률이 커진다면 베타가 0보다 크지만 1보다 매우 작은 주식의 균형수익률은 하락한다. ( )

12. CML 선상에 있는 포트폴리오는 효율적이므로 베타는 0이다. ( )

13. 투자자가 시장포트폴리오를 구입하면 부담하게 되는 위험이 시장포트폴리오 위 험인데, 이는 시장포트폴리오가 시장에 존재하는 모든 위험자산으로 구성된 것 이기 때문에 비체계적 위험이 제거되어 시장포트폴리오 위험이 곧 체계적 위험 이 된다는 의미이다. ( )

▌풀이와 답

1. (○)
2. (○)
3. (×), 자본시장이 균형상태라도 비효율적 포트폴리오나 개별자산은 CML 상에 있지 않다.
4. (×), 기대수익률이 SML 보다 높은 자산은 가격이 과소평가되어 있는 자산 이다.
5. (○)
6. (○)
7. (○)
8. (○)
9. (○)

10. (○)

11. (×), 시장포트폴리오 수익률이 높아지고 베타가 양(+)의 값을 가진다면 주식수익률은 상승한다.

12. (×), *CML* 의 위험척도는 총위험(표준편차)이므로, 베타의 크기와는 상관이 없다.

13. (○)

※ 다음 ( )에 적당한 단어를 써 넣거나 고르시오.

14. (   )은/는 시장에서 거래되는 모든 위험자산을 포함하여 구성된 포트폴리오를 의미한다.

15. 효율적 포트폴리오의 위험과 기대수익률의 선형관계를 나타내는 직선을 (   )(이)라고 한다.

16. (   )에 따르면, 투자자의 포트폴리오 선택행위는 다음의 두 단계를 거쳐 이루어지게 된다. 첫째, 위험자산만으로 구성된 시장포트폴리오 M을 선택하고, 둘째, 투자자는 위험자산들로 구성된 시장포트폴리오 M과 무위험자산 간 투자비율을 조정하여 이를 결합한 자신의 최적 포트폴리오를 선택하게 된다.

17. 모든 위험자산의 체계적 위험과 기대수익률의 선형관계를 나타내는 직선을 (   )(이)라고 한다.

18. (   )은/는 체계적 위험의 측정치로서 시장수익률의 변동에 대한 개별자산의 민감도를 나타낸다.

19. 무위험자산을 포함하는 포트폴리오 베타의 크기는 위험자산 포트폴리오의 베타보다 더 (크다, 작다).

20. (   )은/는 효율적 포트폴리오의 위험과 기대수익률의 선형관계를 나타내는 직선을 의미하고, (   )은/는 개별자산 등 모든 위험자산의 체계적 위험과 기대수익률의 선형관계를 나타내는 직선을 의미한다.

▍풀이와 답

14. 시장포트폴리오^Market Portfolio

15. 자본시장선^CML: Capital Market Line

16. 토빈의 분리정리^Tobin's Separation Theorem

17. 증권시장선^SML: Security Market Line

18. 베타계수: β
19. 작다

　　새로운 포트폴리오의 베타는 포트폴리오에 포함된 개별증권의 베타를 가중평균
　　한 것이기 때문에 위험이 없는 무위험채권을 포트폴리오에 포함함으로써 새로
　　운 포트폴리오의 베타는 보다 작아질 것이다.
20. 자본시장선(CML), 증권시장선(SML)

2) 객관식 문제

01. 충분히 분산투자된 포트폴리오의 위험척도로서 다음 중 가장 적절한 것은?

　① 비체계적 위험　　　　　　　② 수익률의 표준편차
　③ 투자자 위험　　　　　　　　④ 공분산

┃풀이와 답　④

분산투자된 포트폴리오의 위험척도는 베타이며, 이는 시장포트폴리오와의 공분산
값으로 계산된다.

02. 포트폴리오 이론에 대한 설명 중 잘못된 것은?

　① 효율적 프론티어에 있는 포트폴리오는 비체계적 위험이 모두 제거된 포
　　트폴리오이다.
　② 효율적 투자선은 투자기회집합 전체에서 지배원리를 충족시키는 포트폴
　　리오의 집합이다.
　③ 무위험자산과 위험자산으로 구성한 포트폴리오의 기대수익률은 무위험
　　이자율에 위험프리미엄이 더해져 결정된다.
　④ 무위험자산이 없는 경우 투자자는 효율적 포트폴리오에서 임의의 점을
　　선택한다.

┃풀이와 답　①

효율적 프론티어에 있는 포트폴리오는 효율적인 자산의 집합이지 비체계적 위험
이 모두 제거된 포트폴리오는 아니다.

03. 토빈의 분리정리에 대한 설명 중 옳지 않은 것은?

① 모든 투자자들이 선택하는 위험자산 포트폴리오는 동일하다.

② 투자자 최적 포트폴리오는 이들의 효용함수에 따라 위험자산 포트폴리오가 결정된다.

③ 위험자산 포트폴리오는 개별자산들이 차지하는 구성비율이 투자자의 기초 부 또는 위험회피 성향에 관계없이 시장가치 비율로 일정하다.

④ 투자자들이 선택하는 최적 포트폴리오는 기대수익률과 위험이 모두 같다고 볼 수는 없다.

▌풀이와 답 ②
투자자들은 효용함수와 관계없이 시장포트폴리오를 최적 포트폴리오로 선택한다.

04. 베타(β)에 관한 설명으로 적절치 않은 것은?

① β의 의미는 시장 전체의 수익률이 변동할 때 개별주식의 수익률이 시장 전체의 수익률보다 β배만큼 변동함을 의미한다.

② β가 1보다 큰 증권을 공격적 증권, 1보다 작은 증권을 방어적 증권이라고 한다.

③ β는 시장움직임에 대한 특정 자산의 움직임에 개별증권과 시장의 상관계수를 곱하여 측정한다.

④ 포트폴리오의 총위험 중 비체계적 위험은 β계수에 의해 측정된다.

▌풀이와 답 ④
베타계수는 체계적 위험의 측정치이다.

05. 위험척도로 사용되는 베타와 표준편차의 차이에 대한 설명으로 맞는 것은?

① 표준편차는 총위험의 척도인 반면, 베타는 비체계적 위험의 척도이다.

② 표준편차는 총위험의 척도인 반면, 베타는 체계적 위험의 척도이다.

③ 표준편차가 단지 비체계적 위험의 척도인 반면, 베타는 체계적 위험과 비체계적 위험 모두의 척도이다.

④ 표준편차가 단지 체계적 위험의 척도인 반면, 베타는 체계적 위험과 비체계적 위험 모두의 척도이다.

▌풀이와 답   ②

총위험은 표준편차로, 체계적 위험은 포트폴리오의 베타로 측정한다.

06. 다음 중 시장모형에 대한 설명으로 잘못된 것은?

① 마코위츠 모형은 가장 논리적인 방법이라 할 수 있지만, 효율적 투자선을 유도하는데 따른 정보량이 너무 많아 상당한 시간과 비용이 소모된다는 문제점도 있다.

② 개별기업의 특유한 요인에 의하여 발생하는 수익률 변동 부분은 (+) 또는 (−)의 값을 가질 수는 있지만 평균적으로는 0의 값을 가진다.

③ 개별기업이 특유한 요인에 의하여 발생하는 수익률 변동부분이 클수록 시장 전체의 요인에 의한 수익률 변동부분도 커진다.

④ 특정 개별기업의 특유한 요인에 의하여 발생하는 수익률 변동부분과 다른 개별기업의 특유한 요인에 의하여 발생하는 수익률 변동부분은 무관하다.

▌풀이와 답   ③

개별기업이 특유한 요인에 의하여 발생하는 수익률 변동부분과 시장 전체의 요인에 의한 수익률 변동부분은 무관하다.

07. 다음 중 시장모형에 대한 설명으로 잘못된 것은?

① 시장모형은 완전분산공분산모형에서의 필요한 정보량을 줄이기 위해 고안된 방법이다.

② 시장모형은 공통요인을 상정한 후 공통요인의 움직임에 따라 개별자산의 수익률과 위험을 측정하는 방법이다.

③ 시장모형에서도 각 개별주식의 비체계적 위험은 분산투자를 통해서 제거가능하고 체계적 위험만으로 구성되게 된다.

④ 개별주식의 총위험에서 체계적 위험이 차지하는 비중이 바로 설명능력을 나타내는데, 이는 증권특성선의 기울기에 해당된다.

▌**풀이와 답** ④

개별주식의 총위험에서 체계적 위험이 차지하는 비중이 바로 설명능력을 나타내
는데, 이는 결정계수로서 상관계수의 제곱값이 된다. 증권특성선의 기울기는 베
타에 해당된다.

08. 다음 중 시장모형과 완전분산공분산모형에 대한 설명 중 잘못된 것은?

① 두 모형 다 포트폴리오의 분산을 구하는 접근법인데, 시장모형이 훨씬
   적은 정보량을 필요로 한다.

② 마코위츠 모형으로 두 주식의 공분산을 구해서 시장모형에 대입하면
   정확한 포트폴리오의 분산을 구할 수 있다.

③ 시장모형에 의해 도출된 증권특성선의 기울기는 체계적 위험을 나타낸다.

④ 완전분산공분산모형의 포트폴리오의 분산값이 시장모형보다 더 정확하
   다고 할 수 있다.

▌**풀이와 답** ②

시장모형의 두 주식 공분산을 마코위츠 모형에 대입하면 시장모형의 시장포트폴
리오의 분산을 구할 수 있다.

09. 다음 중 증권특성선(SCL ^Security Characteristic Line^)에 대한 설명으로 옳지 않은 것은?

① 증권특성선은 시장수익률의 변화에 대한 개별주식의 변화를 나타내는
   선이다.

② 비체계적 위험은 분산투자를 통해 감소시킬 수는 있지만 완전히 제거
   하지는 못한다.

③ 총위험에서 체계적 위험이 차지하는 비중이 커질수록 증권특성선의 설명
   능력이 커진다.

④ 증권특성선의 기울기는 체계적 위험을 나타내는 지표이다.

▌**풀이와 답** ②

비체계적 위험은 분산투자에 활용되는 주식 수가 아주 많다면 완전히 제거가능
하다.

10. 자본시장선(CML)에 대한 설명으로 적당하지 않은 것은?

① CML과 무차별곡선과의 접점이 최적의 포트폴리오이다.

② 무위험자산을 포함시키면 마코위츠의 효율적 투자선은 더 이상 효율적 투자선이 아니다.

③ CML 중에서 시장포트폴리오의 좌측 직선 부분을 차입포트폴리오라고 한다.

④ 무위험자산과 다른 위험자산 간 상관관계는 0이다.

┃ 풀이와 답   ③

CML에서 시장포트폴리오의 좌측 직선 부분은 대출포트폴리오이다.

11. 다음 증권시장선(SML)에 관한 설명 중에서 옳은 것은?

① SML은 증권의 기대수익률이 그 증권이 가진 총위험의 함수로 설명된다는 의미이다.

② SML은 모든 투자자들이 동일한 포트폴리오를 투자하고 있음을 보여준다.

③ SML은 기대수익률과 베타 간의 선형적 관계를 나타낸 것이다.

④ 가치가 올바르게 결정된 자산은 정확히 SML상에 위치한다.

┃ 풀이와 답   ③

기대수익률과 잘 분산된 포트폴리오의 베타 간 선형적 관계를 나타낸 것은 증권시장선이다.

12. 다음 증권시장선(SML)에 관한 설명으로 가장 적절하지 않은 것은?

① 위험자산의 기대수익률은 베타와 선형관계이다.

② 개별 위험자산의 베타는 0보다 작을 수 없다.

③ 개별자산의 위험프리미엄은 시장위험프리미엄에 개별자산의 베타를 곱한 것이다.

④ 어떤 위험자산의 베타가 1% 변화하면 그 자산의 위험프리미엄도 1% 변화한다.

▍풀이와 답　②

주가지수와 역행하는 자산은 음(−)의 베타가 가능하다.

13. CML 과 SML 의 관계에 대한 서술 중 옳지 않은 것은?

① 동일한 베타를 가지고 있는 자산이라 할지라도 SML 은 서로 다를 수 있다.

② SML 선상에 있는 자산이라고 하여 모두 다 CML 선상에 위치하지는 않는다.

③ 비체계적 위험을 가진 포트폴리오는 CML 선상에 놓이지 않는다.

④ 어떤 자산과 시장포트폴리오의 상관계수가 1이면 CML 과 SML 은 동일한 표현식이 된다.

▍풀이와 답　①

동일한 베타를 가지고 있는 자산이면 SML 선상에서 동일한 위치에 놓이게 된다. 그리고 SML 은 CML 이 성립하는 균형상태에서 모든 자산의 기대수익률과 체계적 위험과의 관계를 나타낸 모형이므로, SML 로 표현된 $CAPM$ 은 상관계수가 1이 되면 CML 과 동일한 표현식이 된다.

14. CML 과 SML 에 관한 설명으로 바르지 않은 것은?

① CML 과 SML 은 증권의 위험과 기대수익률 간의 관계를 나타내는 식이다.

② CML 과 SML 은 모든 증권에 적용되는데 그 차이는 단지 CML 의 경우 위험이 표준편차로, SML 에서는 위험이 베타로 측정된다는 것이다.

③ 균형하에서 모든 증권의 위험−기대수익률이 CML 상에 위치하는 것은 아니다.

④ 균형하에서 모든 증권의 위험−기대수익률은 SML 상에 위치한다.

▍풀이와 답　②

CML 은 시장포트폴리오와 무위험자산만으로만 구성된 포트폴리오이기 때문에, 모든 증권에 적용되는 것이 아니라 효율적인 포트폴리오에만 적용될 수 있다.

15. CML 과 SML 에 관한 설명으로 바르지 않은 것은?

① 무위험자산과 시장포트폴리오로만 구성된 포트폴리오는 CML 과 SML 에 의한 평가결과가 일치한다.

② 완전한 분산투자의 경우 총위험과 체계적 위험이 일치하므로 완전분산 된 포트폴리오는 균형수익률을 CML 로 평가할 수 있다.

③ SML 은 비효율적 포트폴리오와 개별자산을 포함한 모든 자산에 적용된다.

④ 균형 하에서는 CML 의 상방에는 어떠한 증권도 존재할 수 없으나, SML 의 경우에는 존재할 수 있다.

┃풀이와 답   ④

균형하에서 모든 증권은 SML 상에 존재한다.

16. CML 과 SML 에 관한 설명으로 가장 적절하지 않은 것은?

① CML 에 위치한 위험자산과 시장포트폴리오 간의 상관계수는 항상 1이다.

② SML 의 균형 기대수익률보다 높은 기대수익률의 주식은 과소평가된 것이다.

③ CML 은 자본배분선^{CAL: Capital Allocation Line}들 중에서 기울기가 가장 큰 직선이다.

④ CML 의 기울기는 시장포트폴리오의 기대수익률에서 무위험자산 수익률을 차감한 값으로 표현된다.

┃풀이와 답   ④

시장포트폴리오의 기대수익률에서 무위험자산 수익률을 차감한 값으로 표현된 것은 SML 의 기울기이다.

17. 다음 설명 중 가장 올바른 것은?

① 다른 조건은 동일할 때 SML 에서 시장포트폴리오 기대수익률이 커지면 베타가 1보다 매우 큰 주식의 균형수익률은 상승하지만, 베타가 0보다 크지만 1보다 매우 작은 주식의 균형수익률은 하락한다.

② CML 에서 무위험자산과 시장포트폴리오에 대한 투자가중치는 객관적이지만, 시장포트폴리오에 대한 투자비율은 주관적이다.

③ SML의 기울기는 베타값에 상관없이 항상 일정한 값을 가진다.

④ CML상에 있는 포트폴리오는 효율적이므로 베타는 0이다.

▋풀이와 답   ③

SML은 베타에 관해 직선의 형태를 가지므로 베타값에 상관없이 기울기는 일정하다.

18. 다음 중 투자위험과 투자안의 선택에 대한 설명으로 올바른 것은?

① 기대수익과 위험은 서로 반비례하는 음(−)의 관계를 가진다.

② 자본시장선(CML)은 일정한 위험 하에서 기대수익이 최대인 포트폴리오의 집합이다.

③ 투자자의 무차별곡선과 CML이 접하는 지점에서 투자비율을 결정한다.

④ 증권시장선(SML)보다 위에 있는 자산은 고평가되어 있어 매도하는 것이 좋다.

▋풀이와 답   ③

기대수익과 위험은 비례하며, 일정한 위험 하에서 기대수익이 최대인 포트폴리오의 집합은 효율적 투자집합이고, 증권시장선보다 위에 있는 자산은 저평가되어 있는 것으로 매입하여야 한다.

19. 다음 설명 중 옳은 것은?

① 총위험이 큰 주식의 기대수익률은 총위험이 낮은 주식의 기대수익률보다 항상 크다.

② 주식의 베타로 추정한 위험과 표준편차로 추정한 위험 사이에는 일정한 관계가 있다.

③ 시장포트폴리오의 베타는 항상 1로서 비체계적 위험은 모두 제거되어 있다.

④ 상관관계가 1인 두 주식으로 포트폴리오를 구성하는 경우에도 미미하지만 분산투자의 효과를 볼 수 있다.

풀이와 답 ③

총위험과 체계적 위험의 크기는 일정한 관계가 존재하지 않는다.

20. 다음 자본시장 이론에 대한 설명 중 옳지 않은 것은?

① CML은 모든 자산의 체계적 위험(베타)과 기대수익률의 선형관계를 나타낸다.

② CML은 효율적 포트폴리오의 위험(표준편차)과 기대수익률 간 선형관계를 말한다.

③ 자본시장에 대해서 모든 투자자가 동일한 정보를 가지고 있다면 모든 투자자들은 항상 동일한 위험자산 포트폴리오, 즉 시장포트폴리오를 선택한다.

④ 잘 분산투자된 포트폴리오의 비체계적 위험은 상대적으로 아주 작아서 무시할 수 있다.

풀이와 답 ①

모든 자산의 체계적 위험과 기대수익률의 선형관계를 나타낸 것은 SML이다.

21. 무위험이자율은 3%, 시장포트폴리오의 기대수익률은 13%이다. 아래 두 자산가격의 균형 여부에 대해 가장 잘 설명한 것은?

자산	베타	기대수익률
A	0.5	9%
B	1.5	17%

① 두 자산의 가격은 모두 균형상태이다.

② 두 자산의 가격은 모두 저평가되어 있다.

③ 두 자산의 가격은 모두 고평가되어 있다.

④ 자산 A는 저평가되어 있고, 자산 B는 고평가되어 있다.

풀이와 답 ④

자산 A는 증권시장선보다 위에, 자산 B는 증권시장선보다 아래에 위치하고 있다.

22. 투자자 김씨와 이씨는 자본시장선(CML) 상에 있는 포트폴리오 중에서 자신의 기대효용을 극대화하기 위해 최적 포트폴리오를 선택하였으며, 이의 기대수익률과 표준편차는 아래와 같다. 위험회피성향이 김씨보다는 높지만 이씨보다는 낮은 투자자 최씨가 투자원금 1,000만원을 보유하고 있다면 자신의 기대효용을 극대화하기 위해 다음 포트폴리오 중 가장 적절한 선택은 무엇인가? (단, 시장 포트폴리오의 기대수익률은 18%이며, 무위험이자율은 6%이다)

투자자	기대수익률	표준편차
김씨	21%	15%
이씨	15%	9%

① 300만원을 무위험자산에 투자하고 나머지 금액을 시장포트폴리오에 투자한다.

② 500만원을 무위험자산에 투자하고 나머지 금액을 시장포트폴리오에 투자한다.

③ 670만원을 무위험자산에 투자하고 나머지 금액을 시장포트폴리오에 투자한다.

④ 80만원을 무위험이자율로 차입해서 원금과 함께 총액인 1,080만원을 모두 시장포트폴리오에 투자한다.

▌풀이와 답   ④

기대수익률이 15%와 21% 사이에서 결정되도록 구성할 것이므로,

$E(R) = -0.08 \times 0.06 + 1.08 \times 0.18 = 18.96\%$

3) 주관식 문제

01. A주식의 가격이 40,000원이고 기대수익률은 13%이다. 또한 무위험이자율이 7%이고, 시장위험프리미엄은 8%이다. 다른 변수는 변화하지 않고 베타만 2배로 증가한다면 이 주식의 시장가격은 얼마가 될 것인가? (단, 배당은 일정하다고 가정한다)

▌풀이와 답　273,684원

beta $=0.75$이므로, $7\% + 2 \times (0.75)(0.08\%) = 19\%$, $40,000 = d/0.13\%$, $d = 52,000$원
$p = 52,000/0.19 = 273,684$

02. 기대수익률이 15%이고, 표준편차가 10%인 주식형 펀드 A가 있고, 이자율이 5%인 정기예금(무위험자산)이 있다. 투자자는 이 두 자산으로 포트폴리오를 구성하고자 한다. 이 때 주식펀드 A와 정기예금 두 자산의 투자비율에 따라 포트폴리오의 기대수익률과 위험을 구하고, 이를 활용하여 자본배분선(CAL)을 구하시오. (단, 투자비율을 0:100, 50:50, 100:0 등으로 설정한다)

▌풀이와 답　풀이 참조

투자비중		$E(R_p)$	σ_P
A	R_f		
0%	100%	0.05	0.00
50%	50%	0.10	0.05
100%	0%	0.15	0.10

자본배분선: $E(R_p) = 0.05 + (0.17 - 0.05)/0.08 \times \sigma_P = 0.05 + 1.5\sigma_P$

03. A기업과 B기업 주식의 자료가 다음과 같다. 시장포트폴리오의 기대수익률은 15%이고 무위험수익률은 5%이다.

주식	표준편차	베타계수
A	0.10	1.50
B	0.20	0.80

(1) 두 주식 중에서 어느 주식의 총위험이 더 큰가?

(2) 두 주식 중에서 어느 주식의 체계적 위험이 더 큰가?

(3) 자본시장이 균형상태일 때 어느 주식의 기대수익률이 더 높은가?

▎풀이와 답　풀이 참조

(1) 주식 B

(2) 주식 A

(3) 기대수익률은 베타계수가 높은 A주식이 더 높다.

$$E(R_A) = 0.05 + (0.15 - 0.05) \times 1.5 = 0.20,$$
$$E(R_B) = 0.05 + (0.15 - 0.05) \times 0.8 = 0.13$$

04. 다음의 자료를 이용하여 물음에 답하라.

주식	KOSPI와 주식 간 상관계수	표준편차
A	0.00	0.05
B	0.30	0.15

(1) KOSPI 수익률의 표준편차가 0.15일 때 주식 A와 B의 베타계수를 구하라.

(2) 주식 A에 20%를, 나머지는 B에 투자한 포트폴리오의 베타계수는 얼마인가?

▎풀이와 답　풀이 참조

(1) KOSPI와의 상관계수가 0이므로,

$$\beta_A = 0.0, \quad \beta_B = (0.3 \times 0.15 \times 0.15)/0.15^2 = 0.3$$

(2) $\beta_P = 0.2(0) + 0.8(0.3) = 0.24$

05. 시장포트폴리오의 기대수익률은 15%, 표준편차는 20%, 무위험수익률은 5%일 때 다음 질문에 대해 답하시오.

(1) 자본시장선의 기울기는 얼마인가?

(2) 어떤 소극적 투자자가 20%의 기대수익률을 얻고자 한다면, 그는 완성포트폴리오를 어떻게 구성하여야 하는가? 그리고 그의 완성포트폴리오의 기대수익률은 어느 정도가 될 것인가?

(3) 어떤 소극적 투자자가 15%의 표준편차만을 부담하고자 한다면 그는 완성포트폴리오를 어떻게 구성하여야 하는가? 그리고 그의 완성포트폴리오의 기대수익률은 어느 정도가 될 것인가?

(4) 무위험 대여이자율은 5%이지만 차입이자율은 6%라고 하자. 시장포트폴리오의 투자비율 W가 0과 1 사이일 때와 1 이상일 때의 자본시장선의 기울기는 각 각 어느 정도인가?

┃풀이와 답   풀이 참조

(1) $(0.15-0.05)/(0.2)=0.5$

(2) $E(R_C)=R_f+[E(R_M)-R_f]W$의 관계로부터 $0.2=0.05+0.1W$이므로, $W=1.5$. 즉, 무위험자산에 -50%, 시장포트폴리오에 150%의 비율로 투자 한다. 이 완성포트폴리오의 표준편차는 $=1.5\times0.2=0.3$, 즉 30%이다.

(3) $0.15=0.2\times W$의 관계로부터 $W=0.75$, 즉 시장포트폴리오에 75%, 무위험 자산에 25%의 투자비율로 투자한다. 완성포트폴리오의 기대수익률은 $E(R_C)=0.05+(0.15-0.05)\times0.75=0.125$, 즉 12.5%이다.

(4) $0<W<1$일 때, 기울기$=(0.15-0.05)/(0.2)=0.5$이고, $W\geqq1$일 때 기울기$=(0.15-0.06)/(0.2)=0.45$이다.

06. 총 1억원의 자금을 1천만원씩 10개의 주식에 투자한 포트폴리오가 있다. 현재 포트폴리오의 베타(β)는 1.64이다. 만약 β가 2.0인 주식을 매각하고 새로운 주 식을 매입했을 경우에 새로운 포트폴리오의 β가 1.5일 때 새로운 주식의 β는 얼마인가?

┃풀이와 답   0.6

$0.9\times\beta+0.1\times2=1.64$, $0.9\times\beta+0.1\times\beta^*=1.5$, $\beta^*=0.6$

07. A기업은 투자자금 100만원으로 베타가 1.5인 포트폴리오를 구성하려고 한다. 이 기 업의 투자정보가 아래와 같고, 무위험수익률은 5.0%일 때, 자산 C의 기대수익률은?

투자자산	베타	기대수익률	투자금액
A	1.0	13.0%	280,000원
B	2.0	21.0%	240,000원
C			
포트폴리오	1.5		1,000,000원

▌풀이와 답   17.32%

A의 베타가 1.0이므로, $E(R_M) = 13\%$

$w_A \beta_A + w_B \beta_B + w_C \beta_C = (0.28)(1.0) + (0.24)(2.0) + (1 - 0.28 - 0.24)\beta_C = 1.5$

$\beta_C = 1.54$, 따라서 $E(R_C) = 0.05 + (0.13 - 0.05) \times (1.54) = 0.1732$,   17.32%

08. 다음 자료를 이용하여 물음에 답하시오.

무위험수익률(R_f)	6%
시장포트폴리오의 기대수익률($E(R_M)$)	14%
베타계수	$\beta_A = 0.6$, $\beta_B = 0.98$, $\beta_C = 1.13$, $\beta_D = 1.82$

(1) 위의 자료를 이용하여 증권시장선(SML)을 구하시오.

(2) 위의 각 주식에 대하여 예상되는 기대수익률을 계산하시오.

(3) 아래의 표에 주어진 투자비율로 포트폴리오를 구성한다면, 각 포트폴리오로부터 어느 정도의 기대수익률을 얻을 수 있겠는가?

	A	B	C	D
포트폴리오 1	25%	25%	25%	25%
포트폴리오 2	10%	10%	10%	70%
포트폴리오 3	40%	15%	45%	0%

▌풀이와 답   풀이 참조

(1) $E(R_i) = 0.06 + (0.14 - 0.06) \times \beta_i$

(2) $E(R_A) = 0.06 + (0.14 - 0.06) \times (0.60) = 10.8\%$,

$E(R_B) = 0.06 + (0.14 - 0.06) \times (0.98) = 13.84\%$

$E(R_C) = 0.06 + (0.14 - 0.06) \times (1.13) = 15.04\%$,

$E(R_D) = 0.06 + (0.14 - 0.06) \times (1.82) = 20.56\%$

(3) 각 투자비율에 따라 $\beta_1 = 1.1325$, $\beta_2 = 1.545$, $\beta_3 = 0.8955$이므로,

$E(R_{P1}) = 15.06\%$, $E(R_{P2}) = 18.36\%$, $E(R_{P3}) = 13.16\%$

09. 시장포트폴리오 수익률의 표준편차가 12%로 알려져 있을 때, 다음 자료를 사용하여 각 주식의 베타계수, 체계적 위험, 비체계적 위험을 계산하시오.

	주식 A	주식 B	주식 C
표준편차	12%	20%	16%
시장수익률과의 상관계수	0.3	0.7	0.6

▌풀이와 답　풀이 참조

- 베타계수

$$\beta_A = [(0.3)(0.12)(0.12)]/(0.12)^2 = 0.30,$$

$$\beta_B = [(0.7)(0.20)(0.12)]/(0.12)^2 = 1.17$$

$$\beta_C = [(0.6)(0.16)(0.12)]/(0.12)^2 = 0.80$$

- 체계적 위험

$$\beta_A^2 \sigma_M^2 = (0.3)^2(0.12)^2 = 0.001296, \quad \beta_B^2 \sigma_M^2 = (1.17)^2(0.12)^2 = 0.019971$$

$$\beta_C^2 \sigma_M^2 = (0.80)^2(0.12)^2 = 0.009216$$

- 비체계적 위험

$$\sigma^2(\epsilon_A) = (0.12)^2 - 0.001296 = 0.013104, \quad \sigma^2(\epsilon_B) = (0.20)^2 - 0.019971 = 0.020029$$

$$\sigma^2(\epsilon_C) = (0.16)^2 - 0.009216 = 0.016384$$

10. 시장모형이 성립한다고 가정하자. 주식 A($\beta_A = 1.5$)와 주식 B($\beta_B = 0.5$)에 투자액의 70%와 30%를 각각 투자한 포트폴리오 수익률의 표준편차가 0.03이다. 시장포트폴리오 수익률의 표준편차는 0.05로 알려져 있다. 이 포트폴리오의 총위험에 대한 체계적 위험의 비율은 얼마인가?

▌풀이와 답　51%

$\beta_P = (0.7)(1.5) + (0.3)(0.5) = 1.2$이고, 시장모형이 성립하므로,

$\sigma_P^2 = \beta_P^2(\sigma_M^2) + \sigma_\epsilon^2$에서 총위험에 대한 체계적 위험의 비율은

$\beta_P^2(\sigma_M^2)/\sigma_P^2 = (1.2)^2 \times (0.03)^2/(0.05)^2 = 0.51$

11. 다수의 주식으로 구성된 어떤 포트폴리오는 시장포트폴리오와 60%의 상관계수를 갖는다고 한다. 이 포트폴리오의 수익률과 위험이 시장모형에 의해 설명된다고

가정한다면, 이 포트폴리오의 총위험 중 비체계적 위험의 비율은 얼마가 될 것인가?

▍풀이와 답   64%

$$\sigma_\epsilon^2/\sigma_P^2 = 1 - \beta_P^2(\sigma_M^2)/\sigma_P^2 = 1 - (0.6)^2 = 0.64$$

12. 다음은 두 개의 주식에 대한 수익률과 위험계수에 관한 추정치이다. 그리고 시장포트폴리오 표준편차는 26%로 알려져 있다.

주식	기대수익률	베타계수	잔차분산
A	0.14	0.6	0.1024
B	0.25	1.3	0.1369

(1) 주식 A와 주식 B의 표준편차를 구하시오.

(2) A주식에 30%, B주식에 40%, 그리고 단기국채에 30%의 자금을 투자한 포트폴리오의 기대수익률, 표준편차, 베타계수, 잔차분산을 구하시오.

▍풀이와 답   풀이 참조

(1) $\sigma_A^2 = [(0.6)^2(0.26)^2 + 0.1024]^{1/2} = 0.3560$,

   $\sigma_B^2 = [(1.3)^2(0.26)^2 + 0.1369]^{1/2} = 0.5011$

(2) $E(R_P) = (0.3)(0.14) + (0.4)(0.25) + (0.3)(0.05) = 0.157$

   $\beta_P = (0.3)(0.6) + (0.4)(1.3) + (0.3)(0) = 0.70$

   $\sigma^2(\epsilon_P) = (0.3)^2(0.1024) + (0.4)^2(0.1369) + (0.3)^2(0) = 0.03112$

   $\sigma_P = [(0.7)^2(0.26)^2 + 0.03112]^{1/2} = 0.2535$

13. 무위험이자율은 8%, 시장포트폴리오에 대한 기대수익률은 16%이다. 어떤 기업에서 베타가 1.3으로 추정되는 프로젝트를 검토하고 있다. 프로젝트의 요구수익률은 얼마인가?

▍풀이와 답   18.4%

$$E(R_i) = R_f + \beta_i(E(R_M) - R_f) = 0.08 + 1.3 \times (0.16 - 0.08) = 0.184$$

14. A기업의 연 수익률과 시장수익률이 다음과 같다.

연도	1	2	3	4	5	평균수익률	표준편차
R_M	0.08	0.14	0.10	0.20	0.12	0.128	0.041
R_A	0.12	0.20	0.15	0.25	0.14	0.172	0.047

(1) A기업의 수익률과 시장수익률 간 상관계수가 0.967일 때, 이 기업의 베타는 얼마인가?

(2) A기업의 총위험, 체계적 위험, 비체계적 위험의 크기를 구하시오.

(3) 무위험수익률이 10%인 경우 증권시장선을 구하고, A기업의 균형수익률을 구하시오.

(4) A기업 주식이 시장에서 12%의 수익률로 거래되고 있다면 이 주식의 가격은 과대평가되었는가 아니면 과소평가되었는가?

▌**풀이와 답** 풀이 참조

(1) $\beta_i = (0.967 \times 0.047)/0.041 = 1.11$

(2) $\sigma^2 = \beta_i^2 \times \sigma_M^2 + \sigma_\epsilon^2 = 0.00221$

(3) $E(R_i) = 0.1 + 0.072 \times \beta_i$, 균형수익률 $= 17.99\%$

(4) $12.0 < 17.99$ 과대평가

15. 무위험이자율은 4%, 시장포트폴리오의 기대수익률은 12%이다. 다음의 질문에 답하라.

(1) 증권시장선(SML)을 구하라.

(2) 베타가 1.5인 투자안의 요구수익률을 구하라.

(3) 만약 베타가 0.8인 투자안에 대해서 9.8%의 기대수익률을 얻을 수 있다면, 이 투자안을 채택해야 하는가?

(4) 만약 시장에서 주식 X의 수익률이 11.2%로 기대된다면, 이 주식의 베타는 얼마인가?

▌**풀이와 답** 풀이 참조

(1) $0.04 + 0.08 \times 1.5 = 16.0\%$

(2) $E(R_j) = 0.04 + 0.08\beta_j$

(3) $0.04 + 0.08 \times 0.8 = 10.4\%$이므로, 이 투자안은 기각하여야 한다.

(4) $0.04 + 0.08 \times \beta = 0.112$, $\beta = 0.9$

Chapter

03

자산가격결정이론

자산가격결정이론

1. CAPM(Capital Asset Pricing Model; 자본자산가격결정모형)

1) 개념정리 문제

서술형

1. 자본자산가격결정모형($CAPM$)의 가정과 그 의의에 대해 설명하시오.
2. $CAPM$에서 시장포트폴리오$^{Market\ Portfolio}$의 개념에 대해 설명하시오.
3. $CAPM$에서 무위험자산$^{Risk-free\ Asset}$의 수익률의 개념에 대해 설명하시오.
4. Roll이 지적한 $CAPM$의 한계점에 대해 설명하시오.

단답형

※ 다음이 맞는 내용이면 (O), 옳지 않은 내용이면 (×)로 표시하시오.

1. $CAPM$이 맞다면 0의 베타를 지닌 자산의 기대수익률은 0%이다. (   )
2. 효율적 포트폴리오와 시장포트폴리오 간의 상관계수는 0이다. (   )
3. 시장포트폴리오와 무위험자산 간의 상관계수는 정확히 0이다. (   )
4. $CAPM$이 맞다면 위험자산의 수익률은 무위험자산보다 항상 높다. (   )
5. $CAPM$에 따르면 투자자들은 표준편차가 더 큰 증권에 대해 더 높은 수익률을 기대한다. (   )

6. 예산의 25%를 T-bill에, 나머지는 시장포트폴리오에 투자하면 베타가 0.75인 포트폴리오를 구성할 수 있다. (   )

7. 자산의 미래 수익률 분포에 대한 투자자들의 기대가 서로 다르면 초과수요나 초과공급이 없는 시장균형이 성립할 수 없기 때문에 $CAPM$은 성립하지 않는다. (   )

8. Roll의 연구는 $CAPM$이 현실적으로도 유용할 수 있음을 보여주었다. (   )

풀이와 답

1. (×), 무위험수익률의 크기와 같다.
2. (○)
3. (○)
4. (×), 음(−)의 베타값을 가진 자산의 기대수익률은 무위험자산 수익률보다 낮을 수 있다.
5. (×), $CAPM$에 따르면 투자자들은 베타가 더 큰 증권에 대해 더 높은 수익률을 기대한다.
6. (○)
7. (○)
8. (×), $CAPM$의 실증검증이 불가능함을 주장하였다.

2) 객관식 문제

01. $CAPM$에 대한 설명으로 틀린 것은?

① 시장위험프리미엄은 항상 0보다 커야 한다.
② 시장포트폴리오와 무위험자산 간의 상관계수는 정확히 0이다.
③ SML에 위치한다고 해서 반드시 CML에 위치하는 것은 아니다.
④ 위험자산의 기대수익률은 무위험자산의 수익률보다 항상 높아야 한다.

풀이와 답   ④
음(−)의 베타값을 가진 위험자산의 기대수익률은 무위험수익률보다 낮을 수 있다.

02. $CAPM$에 대한 가정으로 바르지 못한 것은?

① 모든 투자자들은 자산의 기대수익률과 분산에 대해 동질적 기대를 한다.

② 모든 투자자들은 위험회피자이고 기대효용을 극대화한다.

③ 무위험자산이 존재하며 투자자들은 무위험이자율로 얼마든지 차입과 대출이 가능하다.

④ 다기간 모형이다.

┃풀이와 답 ④

$CAPM$은 단일기간 모형이다.

03. $CAPM$의 가정에 관한 설명으로 가장 적절하지 않은 것은?

① 투자자들은 위험중립적으로서 평균 – 분산 기준에 따라 투자결정을 한다.

② 각 자산의 기대수익률과 분산, 공분산 등에 관한 자료는 모든 투자자들이 동일하게 알고 있다. 즉, 모든 투자자들의 위험자산에 대한 예측은 동일하며, 정보획득 비용도 없다.

③ 투자자들의 투자기간은 현재와 미래만 존재하는 단일기간이다.

④ 모든 투자자는 가격수용자로, 어떤 거래도 시장가격에 영향을 미칠 만큼 크지 않다.

┃풀이와 답 ①

$CAPM$은 위험회피성향의 투자자를 가정한다.

04. 다음 중 잘못된 설명은 무엇인가?

① 두 주식의 수익률 동조성이 높을수록 포트폴리오의 위험분산 효과가 낮아진다.

② 투자자들은 자신의 위험성향과 관계없이 동일한 위험자산 포트폴리오를 선택하게 된다.

③ 두 자산의 수익률의 상관계수가 낮을수록 그 두 자산을 포함하는 포트폴리오의 기대수익률은 상승한다.

④ 두 자산 간의 수익률의 상관계수가 양(+)인 경우에도 분산투자를 통한 위험감소 효과가 존재한다.

▌풀이와 답　③
포트폴리오의 기대수익률은 자산 간의 상관계수와는 무관하다.

05. $CAPM$의 의미와 거리가 가장 먼 것은?

① 모든 자산은 어떠한 경우에도 과소 또는 과대평가되어 지속될 수 없다.

② 균형시장에서 자산의 체계적 위험과 기대수익률은 선형관계를 갖는다.

③ 자산의 기대수익률은 시간보상인 무위험이자율과 위험보상인 위험프리미엄의 합과 같다.

④ 투자자는 분산투자를 통해 위험을 감소시켜도 자산의 가치에는 영향을 미칠 수 없다.

▌풀이와 답　①
$CAPM$은 체계적 위험 크기에 따른 적정한 수익률의 크기에 관한 정보를 제공한다. 따라서 자산의 과소 또는 과대평가의 판단기준으로만 활용될 수 있다.

06. $CAPM$이 성립한다는 가정 하에서 다음 중 가장 적절하지 않은 것은?

① 모든 주식의 $(E(R_j) - R_f)/cov(R_m, R_j)$는 일정하다.

② 시장포트폴리오는 어떤 비효율적 포트폴리오보다 큰 변동보상률을 갖는다.

③ 개별주식 j가 시장포트폴리오의 위험에 공헌하는 정도를 상대적인 비율로 전환하면 $[W_j \times Cov(R_i, R_M)]/\sigma_M^2$이다. (단, W_j는 j주식이 시장포트폴리오에서 차지하는 비중)

④ 무위험수익률보다 낮은 기대수익률을 제공하는 위험자산은 존재할 수 없다.

▌풀이와 답　④
무위험수익률보다 낮은 기대수익률을 제공하는 위험자산도 존재할 수 있다.

07. 무위험이자율이 5%이고, 시장포트폴리오의 기대수익률이 10%인 것으로 확인되었다. 베타가 0.8인 주식 A의 기대수익률이 10%이고, 베타가 1.6인 주식 B의 기대수익률이 12%일 경우에 무위험차익거래전략으로 가장 적절한 것은?

① 주식 A를 공매하고 무위험이자율로 차입하여 주식 B에 투자한다.

② 주식 B를 공매하고 무위험이자율로 차입하여 주식 A에 투자한다.

③ 주식 B를 공매하여 주식 A와 무위험자산에 투자한다.

④ 주식 A를 공매하여 주식 B와 무위험자산에 투자한다.

┃ 풀이와 답   ②

A: 균형수익률 $= 0.05 + (0.1 - 0.05) \times 0.8 = 9\% < 10\%$ 이므로 과소평가

B: 균형수익률 $= 0.05 + (0.1 - 0.05) \times 1.6 = 13\% > 12\%$ 이므로 과대평가

따라서 주식 B를 공매하고 주식 A에 투자한다. 그런데 주식 A와 B의 베타가 다르므로 무위험차익거래를 위해서는 B를 공매하고 무위험이자율로 차입하여 A에 투자하여야 한다.

08. Roll의 $CAPM$ 비판에 대해 잘못 설명한 것은?

① Roll은 진정한 시장포트폴리오의 구성이 불가능하므로, $CAPM$에 대한 검증은 진정한 시장포트폴리오의 구성이 전제되지 않는 한 불가능하다고 주장하였다.

② Roll의 비판은 $CAPM$의 이론적 근거의 취약성에 관한 것으로, $CAPM$을 실무적으로 적용하는데 많은 현실적 제약이 존재한다는 지적이다.

③ 어느 증권의 베타가 효율적 포트폴리오와의 관계에서 도출된다면 그 증권의 기대수익률은 정확하게 베타의 선형함수로써 표시되게 되는 수학적 결과를 설명할 뿐이다.

④ 시장포트폴리오의 대용치로 사용된 포트폴리오가 사후적으로 효율적이라면 베타와 기대수익률은 항상 선형이다.

┃ 풀이와 답   ②

Roll의 비판은 $CAPM$ 이론에 대한 비판이 아니라 실증분석 가능성에 대한 비판이다.

3) 주관식 문제

01. 베타가 1.2인 어떤 주식이 현재 10,000원에 거래되고 있다. 이 주식은 연말에 주당 500원을 배당할 계획이다. 연간 시장위험프리미엄이 10%이고, 무위험수익률이 5%라고 가정했을 때 투자자들은 1년 후 이 주식이 얼마에 팔릴 것이라고 예상할 수 있는가?

▌풀이와 답　11,200원

$E(R) = 1.2 \times 0.1 + 0.05 = 0.17$,　$0.17 = (X - 10,000 + 500)/10,000$이므로
$X = 11,200$원

02. 어떤 주식의 주가는 현재 $100이다. 연말에는 주당 $9의 배당금을 지급할 예정이다. 베타는 1.00이다. 연말의 주가는 얼마로 기대되는가? (단, 시장수익률은 18%이다)

▌풀이와 답　109

베타가 1.0이므로, $CAPM$을 통한 기대수익률은 시장수익률과 같이 18%로 기대될 것이다. 따라서 $0.18 = (P_1 - 100 + 9)/100$,　$P_1 = 109$로 기대된다.

03. 충분히 분산투자된 두 개의 포트폴리오 A와 B의 기대수익률이 균형상태에서 각각 20%와 30%이다. 그리고 하나의 공통요인에 대한 두 포트폴리오의 베타는 1과 2이다. 이 때 베타계수가 0인 증권의 수익률은 얼마인가?

▌풀이와 답　10%

$0.2 = R_f + (E(R_m) - R_f) \times 1$과 $0.3 = R_f + (E(R_m) - R_f) \times 2$의 식을 연립방정식으로 풀면 무위험이자율은 10%가 된다.

04. 모든 투자자가 $CAPM$에 따른 최적의 선택을 하며, 위험자산으로는 주식 A와 주식 B만 존재한다고 가정하자. 투자자 김씨는 보유자금 100만원 중에서 50만원을 예금하고, 주식 A에 20만원, B에 30만원을 투자하고 있다. 200만원을 보유하고 있으면서 100만원을 차입하여 최적 포트폴리오를 구성하고자 하는 투자자 이씨는 주식 A에 얼마를 투자하겠는가?

┃ 풀이와 답   40%

위험자산 투자금액 = 200만 + 100만 = 300만원,

주식 A 투자금액 = 300만 × 0.4 = 120만원

김씨가 위험자산 중에서 주식 A에 투자하는 비율은 20만/50만 = 0.4인데, $CAPM$ 에 의하면 위험자산에 나누어 투자하는 비율에 대해서는 모든 투자자가 동일한 선택을 하므로, 투자자 이씨도 위험자산에 투자하는 금액 중에 40%를 주식 A에 투자한다.

05. $CAPM$ 이 성립한다고 가정한다. 이 때 시장포트폴리오의 기대수익률과 표준편차는 각각 15%와 20%이다. 그리고 무위험자산의 수익률은 5%이다. 효율적 포트폴리오 A의 기대수익과 표준편차가 각각 10%라고 하면, 포트폴리오 A의 베타는 얼마인가? 그리고 포트폴리오 A와 시장포트폴리오와의 상관계수는 얼마인가?

┃ 풀이와 답   풀이 참조

$0.1 = 0.05 + (0.15 - 0.05)\beta_A, \quad \beta_A = 0.5,$

$\beta_A = 0.5 = (\sigma_A \times \sigma_M \times \rho_{AM})/\sigma_M^2 = (0.1 \times 0.2 \times \rho_{AM})/(0.2)^2, \quad \rho_{AM} = 1.0$

06. 1년 만기 정기예금 금리가 5%이고, 앞으로 1년 동안 예상되는 주가지수 변동률의 기대치는 15%, 표준편차는 10%인 것으로 알려져 있다고 하자. 1,000만원을 보유중인 갑은 600만원을 정기예금에 가입하고, 400만원을 A주식에 투자하였다. A주식 수익률과 주가지수 변동률과의 상관계수는 0.6이고, A주식의 표준편차가 25%이다. $CAPM$ 이 성립한다고 가정하면 갑이 1년 동안 얻을 것으로 기대되는 수익률은 얼마인가?

┃ 풀이와 답   0.11

$\beta_P = 0.6 \times 0 + 0.4 \times 1.5 = 0.6$이므로, $E(R_P) = 0.05 + (0.15 - 0.05) \times (0.6) = 0.11$

07. 투자자 김씨의 최적 포트폴리오는 기대수익률이 10%이고 표준편차는 5%이며, 이씨의 최적 포트폴리오는 기대수익률이 15%이고 표준편차는 10%이다. 이 때 투자자 최씨의 무차별곡선은 $E(R_i) = 0.175 + 2\sigma_i^2$이라고 할 때, 최씨의 최적 포트폴리오의 기대수익률과 표준편차는 각각 얼마인가?

▍**풀이와 답**　0.25

최적 투자점에서는 *MRS*와 자본시장선 기울기는 동일하다. 자본시장선의 기울기 $= (0.15 - 0.1)/(0.1 - 0.05) = 1$이므로, $MRS = dE(R_i)/d\sigma_i = 4\sigma_i$는 1의 값과 동일한 값을 가진다. 따라서 $\sigma_i = 0.25$

08. 몇 개의 주식으로 이루어지 어느 포트폴리오는 시장포트폴리오와 0.8의 상관관계를 갖는다. 포트폴리오의 수익률과 위험이 시장모형에 의해 설명된다고 가정하고 이 포트폴리오의 총위험 중 비체계적 위험의 비율은 얼마인가?

▍**풀이와 답**　0.36

$\sigma_p^2 = \beta_p^2 \sigma_m^2 + \sigma_\epsilon^2 = \rho_{pm}^2 \sigma_p^2 + \sigma_\epsilon^2$이므로, $\sigma_p^2 = (0.8)^2 \sigma_p^2 + \sigma_\epsilon^2$이고 비체계적 위험의 총위험에 대한 비중은 0.36이 된다.

09. 어떤 투자자가 잘 분산된 포트폴리오를 보유하고 있다. 단일지수모형이 성립한다는 가정 하에서 잘 분산된 포트폴리오의 표준편차가 0.15이고, 시장포트폴리오 표준편차가 0.25일 경우 잘 분산된 포트폴리오의 베타는 얼마인가?

▍**풀이와 답**　0.6

$\beta_p^2 = (1 \times \sigma_p^2)/\sigma_m^2 = 0.15^2/0.25^2 = 0.36$이므로 베타는 0.6이 된다.

10. 펀드매니저 김씨는 고객에게 종목을 추천할 때 주로 *CAPM*을 사용한다. 아래의 정보를 활용하여 A와 B 주식의 기대수익률과 알파(α)를 계산하시오.

	기대수익률	표준편차	베타
주식 A	14.0%	36%	0.8
주식 B	17.0%	25%	1.5
시장포트폴리오	14.0%	15%	1.0
무위험이자율	5.0%		

▍**풀이와 답**　풀이 참조

$E(R_A) = 5\% + 0.8(14\% - 5\%) = 12.2\%$이므로, A의 알파$(\alpha)$는

$14\% - 12.2\% = 1.8\%$

$E(R_B) = 5\% + 1.5(14\% - 5\%) = 18.5\%$이므로, B의 알파$(\alpha)$는

$17\% - 18.5\% = -1.5\%$

11. 두 투자상담사의 성과를 비교하고 있다. 한 사람의 평균수익률은 19%, 다른 사람의 수익률은 16%이다. 그런데 첫 번째 상담사의 베타는 1.50이고 두 번째 상담사의 베타는 1.00이다. 해당기간에서 시장수익률은 14%이고, T-bill 수익률은 6%인 경우 어느 상담사가 개별주식선정을 더 잘한다고 말할 수 있는가?

┃ 풀이와 답   풀이 참조

두 번째 상담사의 주식선정 능력이 상대적으로 더 뛰어나다고 볼 수 있다.

$R_1 = 19\%$, $R_2 = 16\%$이고, $\beta_1 = 1.5$, $\beta_2 = 1.0$이므로,

$E(R_1) = 19\% - [6\% + 1.5(14\% - 6\%)] = 19\% - 18\% = 1\%$

$E(R_2) = 16\% - [6\% + 1.0(14\% - 6\%)] = 16\% - 14\% = 2\%$

2. APT(Arbitrage Pricing Theory; 차익거래가격결정모형)

1) 개념정리 문제

서술형

1. 요인모형[factor model]의 개념에 대해 설명하시오.

2. $CAPM$과 APT의 가정을 비교하여 설명하시오.

3. $CAPM$과 APT 균형식을 비교하여 설명하시오.

4. APT에서 공통위험요인[common risk factor]의 경제적 의미를 확인하기 위한 분석방법을 제시하고, 이에 대한 대표적인 연구결과에 대해 간략히 설명하시오.

단답형

※ 다음이 맞는 내용이면 (○), 옳지 않은 내용이면 (×)로 표시하시오.

1. 자산의 미래 수익률분포에 대한 투자자들의 기대가 서로 다르면, 초과수요나 초과 공급이 없는 시장균형이 성립할 수 없기 때문에 $CAPM$ 이 성립하지 않는다. (   )

2. 공통요인의 예상과 다른 변동은 개별주식들에 공통적으로 영향을 미치므로, 포트 폴리오를 구성해도 제거할 수 없는 체계적 위험요인에 의한 변동으로 볼 수 있 다. (   )

3. 요인포트폴리오란 어떤 하나의 공통요인에 의해서만 1의 민감도를 갖고 나머지 다른 공통요인들에 대해서는 0의 민감도를 갖는 완전 분산된 포트폴리오를 말한 다. (   )

4. 균형수익률은 요인포트폴리오와 무위험자산을 가지고 베타를 가중치로 하여 구성 한 포트폴리오의 수익률을 의미한다. (   )

5. 균형모형식에서 위험요인에 대한 베타계수는 요인포트폴리오의 단위당 위험프리 미엄을 의미한다. (   )

6. APT에서 자산수익률을 결정하는 요인이 시장포트폴리오 수익률 하나뿐이라면 APT의 결과와 $CAPM$ 의 결과는 일치한다. (   )

7. APT는 시장포트폴리오를 필요로 하지 않기 때문에 시장에 존재하는 자산 일부 만으로 자산의 가치를 평가할 수 있다. (   )

▌풀이와 답

1. (○)
2. (○)
3. (○)
4. (○)
5. (○)
6. (○)
7. (○)

※ 다음 ( )에 적정한 단어를 써 넣으시오.

8. (   )은/는 자산의 수익률 변동을 어떤 공통요인의 변동에 의하여 설명하고자 하는 수익생성모형으로, 예를 들어 자본시장에서 자산의 수익률은 시장이자율, GDP성장률, 인플레이션, 유가, 통화량 등 많은 거시적 요인들의 영향을 받아서 변동하므로, 이와 같이 몇 가지 중요한 거시적 요인의 변동의 영향을 받아서 자산의 수익률이 변동한다고 본다.

9. *CAPM*은 단일요인모형으로서, (   )만이 모든 자산의 수익률에 공통적으로 영향을 미치는 유일한 위험요인이라고 가정한다.

10. 일반적으로 시장에서 실질적으로 동일한 자산이 서로 다른 가격으로 거래될 경우, 가격이 높게 매겨진 자산을 공매하고 가격이 낮게 매겨진 자산을 매입하여 투자액의 추가적 부담없이 이익을 얻어내는 거래를 (   )(이)라고 한다.

11. 현실적으로 자산의 수익률은 한 가지 요인이 아니라 여러 가지 요인의 영향을 받아 변동하는 것으로 보고, 2개 이상의 공통요인의 예상 밖의 충격을 위험요인으로 포함시켜 자산의 수익률 변동을 설명하고자 하는 이론을 (   )(이)라고 한다.

▌ 풀이와 답
8. 요인모형$^{factor\ model}$
9. 시장포트폴리오 수익률
10. 차익거래^{arbitrage}
11. 차익거래가격결정모형(*APT*)

2) 객관식 문제

01. 차익거래가격결정이론(*APT*)에 따라 올바른 설명은?
① 고베타 주식은 일관되게 고평가되어 있다.
② 저베타 주식은 일관되게 고평가되어 있다.
③ 알파가 양인 투자기회는 금방 사라진다.
④ 합리적인 투자자들은 자신의 위험 감내도와 일관되는 차익거래를 추구한다.

▌풀이와 답 ③

알파가 (+) 또는 (−)인 투자기회는 투자자의 활발한 차익거래로 인해 금방 사라져 균형가격에 이르게 된다.

02. 자본자산가격결정모형($CAPM$)에 대하여 차익거래가격결정이론(APT)에 대한 설명으로 옳은 것은?

① 시장이 균형상태에 있을 것을 요구한다.

② 거시변수에 기반을 둔 위험프리미엄을 사용할 수 있다.

③ 기대수익률을 결정하는 구체적인 요인을 확인하고 수치를 부여한다.

④ 시장포트폴리오에 관하여 제한적인 가정을 요구하지 않는다.

▌풀이와 답 ④

APT는 시장포트폴리오를 가정하지 않는다.

03. 다음 모형식, $R_i = E(R_i) + b_{i1}F_1 + b_{i2}F_2 + e_i$에 대한 설명으로 올바른 것은?

① 차익거래기회가 존재하지 않는 시장에서의 위험과 균형수익률의 관계를 언급하고 있다.

② 자산에 공통적으로 영향을 미치는 요인을 거시적 공통요인이라 하며, 개별자산에만 영향을 미치는 요인을 체계적 위험요인이라 한다.

③ 모형식에서의 위험요인($F_1, F_2, ...$)은 예상치 못한 공통요인의 변화분으로 예상값에서 실제값을 차감하여 구한다.

④ 각 요인은 서로 독립적으로 자산의 수익률에 영향을 미친다.

▌풀이와 답 ④

APT는 위험과 균형수익률 간의 관계를 보여주는 모형이 아닌 수익률 생성모형이고, 모형식에서의 위험요인은 예상치 못한 공통요인의 실제값에서 예상값을 차감하여 구한다.

04. 차익거래가격결정이론(APT)에 관한 설명 중 옳지 않은 것은?

① APT를 유도하기 위한 가정은 $CAPM$의 경우보다 상대적으로 약하며,

따라서 $CAPM$은 APT의 특수한 형태로 볼 수 있다.

② APT에서는 자산의 수익률 분포에 대한 제약이 필요 없으며, 투자자가 위험회피적이라는 가정도 필요없다.

③ APT는 시장포트폴리오를 필요로 하지 않기 때문에 시장에 존재하는 자산의 일부만으로 자산가치 평가를 할 수 있다.

④ APT에서 위험자산 기대수익률 결정에 영향을 미치는 체계적 위험요인은 하나 이상이다.

┃ 풀이와 답   ②

APT는 $CAPM$보다 훨씬 완화된 가정을 가진 일반모형이지만, APT 역시 투자자가 위험회피자라는 가정이 필요하다.

05. 다음은 다요인모형(Multi-factor Model)에 관한 설명이다. 설명 중 사실과 거리가 먼 것은?

① 다요인모형은 $CAPM$보다 비교적 단순한 가정을 산정하고 있기 때문에 $CAPM$보다 더 설득력이 있다고 볼 수 있다.

② 다요인모형에서는 어떤 자산의 수익률은 정상적으로 예측이 가능한 수익과 예측하지 못한 수익에 의해 결정된다고 보았다.

③ 다요인모형도 $CAPM$과 마찬가지로 잘 분산된 포트폴리오에서는 비체계적인 위험인 특정 자산의 고유한 특성으로 인한 수익률 변화를 제거할 수 있다고 본다.

④ 다요인모형에서는 상대적으로 고평가된 주식은 사고, 저평가된 주식을 공매도 한다.

┃ 풀이와 답   ④

자산가격결정모형에서 고평가된 주식은 매도하고, 저평가된 주식은 매입한다.

06. $CAPM$과 APT를 비교 설명한 것으로 옳은 것은?

① $CAPM$과 APT는 모두 평균-분산 효율적인 시장포트폴리오를 필요로 한다.

② *CAPM*이나 *APT* 어느 것도 증권수익률이 정규분포를 따른다고 가정하지 않는다.

③ *CAPM*은 하나의 특정한 요인이 증권수익률을 설명하지만 *APT*는 그렇지 않다.

④ *CAPM*과 *APT* 모두 투자자의 효용함수를 2차 효용함수로 가정한다.

▌풀이와 답　③

*CAPM*은 시장포트폴리오를 포함하는 단일요인모형이고, *APT*는 다요인모형이다.

07. *CAPM*과 *APT*를 비교 설명한 것으로 옳은 것은?

① *CAPM*과 *APT*는 자산수익률 결정과정에 투자자들의 동질적 기대를 가정하지 않는다.

② *CAPM*은 무위험자산이 필요하지만, *APT*는 필요하지 않다.

③ APT에서는 차익거래포트폴리오를 구성하여 시장이 균형이 되면 기대수익률은 0이지만, *CAPM*은 0이 되지 않는다.

④ *CAPM*은 단일기간에만 적용되고, *APT*는 다기간모형에만 적용된다.

▌풀이와 답　②

*APT*를 통해 자산을 결정하기 위해서는 반드시 무위험자산이 필요한 것은 아니다. 그리고 *APT* 역시 투자자들의 동질적 기대와 위험회피자의 가정이 필요하다.

08. *CAPM*과 *APT*에 대한 다음 설명 중 가장 올바르지 않은 것은?

① *CAPM*은 자본자산의 균형수익률을 체계적 위험만으로 설명하지만, *APT*는 여러 가지 요인으로 설명한다.

② 실증검증할 경우에 *CAPM*은 시장포트폴리오를 측정하여야 하나, *APT*는 어떤 소규모 자산의 결합에 대하여도 적용가능하므로 시장포트폴리오를 전제하여야 하는 것은 아니다.

③ *CAPM*과 *APT* 모두 공통적으로 수익률의 실증적 확률분포에 정규분포를 가정한다.

④ *APT*는 *CAPM*과 달리 다기간에 대해서도 쉽게 확장이 가능하다.

▌풀이와 답 ③

APT는 확률분포의 가정이 필요 없다.

3) 주관식 문제

01. 세 요인 차익거래가격결정모형이 성립하는 시장을 가정하자. 다음은 3개의 공통요인과 그에 대한 요인프리미엄을 나타낸다.

요인	요인프리미엄	주식 i의 요인베타
인플레이션율(I)	6%	1.2
산업생산증가율(P)	8%	0.5
원유가격변화율(O)	3%	0.3

(1) 증권의 위험과 수익의 관계를 나타내는 APT 균형식을 제시하시오.

(2) 세 요인에 대한 요인베타가 모두 0인 자산의 기대수익률이 6%이다. 주식 i가 시장에서 적정하게 평가되고 있다면, 주식 i에 투자할 때 기대되는 투자수익률은 얼마인가?

(3) 세 요인의 변동에 대한 기댓값과 실제 변화분이 다음과 같다. 이들 세 요인의 변화에 대한 실제치가 시장에 알려진 경우 주식 i에 대해 기대되는 새로운 수익률은 얼마가 될 것인가?

요인	기댓값	실제값
인플레이션율(I)	5%	4%
산업생산증가율(P)	3%	6%
원유가격변화율(O)	2%	0%

▌풀이와 답 풀이 참조

(1) $E(R_i) = \lambda_0 + \lambda_1 b_{i1} + \lambda_2 b_{i2} + \lambda_3 b_{i3} = \lambda_0 + 0.06 \times b_{i1} + 0.08 \times b_{i2} + 0.03 \times b_{i3}$

(2) $E(R_i) = 0.06 + 0.06 \times 1.2 + 0.08 \times 0.5 + 0.03 \times 0.3 = 0.181, \quad 18.1\%$

(3) $E(R_i) = 0.181 + (0.04 - 0.05) \times 1.2 + (0.06 - 0.03) \times 0.5$
$$+ (0 - 0.02) \times 0.3 = 0.178, \quad 17.8\%$$

02. 포트폴리오 A의 1요인에 대한 베타는 0.8이고 위험프리미엄은 2%이다. 2요인에 대한 베타는 1.50이고 위험프리미엄은 5%이다. 무위험수익률이 6%일 때 차익거래 기회가 존재하지 않으려면 포트폴리오 A의 기대수익률이 얼마여야 하는가?

┃풀이와 답   15.1%

$$E(R_A) = 0.06 + (0.8) \times (0.02) + (1.5) \times (0.05) = 0.151, \quad 15.1\%$$

03. 단일요인 APT가 성립한다고 가정하자. 포트폴리오 A의 베타는 1.40이고 기대수익률은 22%이다. 포트폴리오 B의 베타는 0.7이고 기대수익률은 17%이다. 무위험수익률은 8%이다. 이 경우 적절한 차익거래방법을 선택하시오.

┃풀이와 답   풀이 참조

두 자산의 위험 1단위당 프리미엄을 비교해보면, 주식 A: $(22-8)/1.4$ < 주식 B: $(17-8)/0.7$이다. 그러므로 주식 A 매도, 주식 B 매수, 주식 A의 체계적 위험이 B의 두 배이므로 거래단위는 주식 B가 A의 두 배, 부족자금은 무위험수익률로 차입한다.

04. 우리나라 경제를 나타내는 중요한 요인은 경제성장률(G)과 물가상승률(I)이라고 하자. 금년 중 G와 I의 기대치는 각각 7%와 6%이다. 그리고 G에 대하여 1.1, N에 대하여 0.6의 베타계수를 갖는 어떤 주식의 기대수익률이 14%이다. 만일 G와 I의 실제값이 각각 6% 및 7%라면, 이 주식의 기대수익률은 어떻게 수정되어야 하는가?

┃풀이와 답   풀이 참조

$R_j = 0.14 + 1.1F_G + 0.6F_I + e_j$이고, G와 I의 실제값이 각각 6% 및 7%이면, 이것은 위 요인모형에서의 실제값이 각각 -1%와 1%라는 것을 의미한다.
$R_j = 0.14 + (1.1)(-0.01) + (0.6)(0.01) + e_j$,   결국 $E(R_j) = 0.135$

05. 두 개의 공통요인 F_1과 F_2가 있다. 두 개의 충분히 분산투자된 포트폴리오 A와 B가 균형상태에서 두 공통요인에 대하여 다음의 관계를 가진다. 단, 무위험수익률은 10%로 가정한다.

포트폴리오	F_1 베타	F_2 베타	기대수익률
A	1.75	2.00	35%
B	2.20	-0.75	10%

(1) 이 두 포트폴리오의 요인모형을 식으로 나타내시오.

(2) 이 자료를 가지고 차익거래가격결정이론의 식을 구하시오.

▌풀이와 답 풀이 참조

(1) $R_A = 0.35 + 1.75\,F_1 + 2.0\,F_2$, $R_B = 0.10 + 2.2\,F_1 - 0.75\,F_2$

(2) *APT*식은 $E(R_j) = R_f + \lambda_1\beta_{j1} + \lambda_2\beta_{j2}$ 이므로,

   $0.35 = 0.1 + 1.75\,\lambda_1 + 2.0\,\lambda_2$, $0.10 = 0.1 + 2.2\lambda_1 - 0.75\,\lambda_2$ 의 식을 통해

   $\lambda_1 = 0.0328$, $\lambda_2 = 0.0963$

   따라서, $E(R_j) = 0.10 + 0.0328\beta_{j1} + 0.0963\beta_{j2}$

06. 포트폴리오 A의 1요인에 대한 베타는 0.8이고 위험프리미엄은 2%이다. 2요인에 대한 베타는 1.5이고 위험프리미엄은 5%이다. 무위험수익률이 6%일 때 차익거래 기회가 존재하지 않으려면 포트폴리오 A의 기대수익률이 얼마이어야 하는가?

▌풀이와 답 15.1%

$0.06 + (0.8) \times (0.02) + (1.5) \times (0.05) = 0.151$

07. 충분히 분산투자된 두 개의 포트폴리오 A와 B의 기대수익률이 균형상태에서 각각 20%와 25%이다. 그리고 하나의 공통요인에 대하여 두 포트폴리오는 각각 1과 1.5의 베타계수를 갖고 있다. 이 두 포트폴리오를 이용하여 베타계수가 0인 포트폴리오를 만들고, 균형상태에서의 무위험수익률을 구하라.

▌풀이와 답 풀이 참조

포트폴리오 B에 1/3을 투자하고, A에 2/3을 투자한 새로운 포트폴리오를 C^* 라고 할 때,

$E(R_{C^*}) = (2/3)(0.24) + (1/3) \times (0.12) = 0.2$, $\beta_{C^*} = (2/3)(1.2) + (1/3)(0) = 0.8$

즉, 포트폴리오 C^*의 베타계수는 C와 동일하지만, 기대수익률은 2%만큼 더 크다. 따라서 동일한 금액만큼 포트폴리오 C를 공매하고 C^*를 매입한다면, 추가적인 위험부담이 없이 무위험 차익거래 이윤을 얻을 수 있다.

예를 들어 포트폴리오 C를 3억원어치 공매하고, C^*를 3억원 매입하면, 이는 2억원의 A와 1억원의 B를 매입하는 것을 의미한다. 그 결과 차익거래 이윤과 위험은 다음과 같다.

포트폴리오 A 매입: $(0.24 + (1.2)F) \times 2$억원,

포트폴리오 B 매입: $(0.12 + (0)F) \times 1$억원,

포트폴리오 C 공매: $-(0.18 + (0.8)F) \times 3$억원

결국 $(0.02 + (0)F) \times 3$억원 = 600억원

08. 단일요인시장에 대한 다음의 자료를 검토해 보자. 모든 포트폴리오는 잘 분산투자되어 있다. 다른 포트폴리오 E는 베타 2/3로 잘 분산되어 있고 기대수익률은 9%이다. 차익거래 기회가 존재하겠는가? 만약 그렇다면 그 전략은 무엇이 되겠는가?

포트폴리오	기대수익률	베타
A	10%	1.0
F	4%	0

▌풀이와 답   풀이 참조

포트폴리오 F의 베타가 0이므로, 기대수익률은 무위험수익률과 같다. 포트폴리오 A의 체계적 위험보상률(= 위험프리미엄/베타)은 $(10\% - 4\%)/1.0 = 6\%$와 같다.

포트폴리오 E의 경우 $(9\% - 4\%)/(2/3) = 7.5\%$가 된다.

포트폴리오 E를 매입하고 F를 매도하는 포트폴리오 P를 구성하면 $\beta_p = \beta A = 1$이 되므로 포트폴리오 A와 같게 된다. 이 때 β_p는 $W_i \times \beta_i$와 같고,

$1 = W_E(\beta_E) + (1 - W_E)(\beta_F)$이므로, $W_E = 1/(2/3)$가 되어 $W_E = 1.5$가 되고,

$W_F = (1 - W_E) = -0.5$의 값을 얻을 수 있다.

따라서 $E(R_P) = 1.5(9) + (-0.5)(4) = 11.5\%$, 차익거래를 통해

$1.5\%(= 11.5\% - 10\%)$를 얻을 수 있다.

09. 서로 상관성이 없는 두 개의 공통요인에 의해 주식 수익률이 결정된다고 가정한다.

(1) 어떤 투자자가 1,000만원을 투자자금으로 주식 B를 500만원으로 공매하여 주식 A에 1,500만원어치를 투자하려고 한다. 이러한 포트폴리오의 두 요인에 대한 베타계수(민감도)를 계산하시오.

(2) 다음으로, 이 투자자는 무위험이자율로 1,000만원을 추가적으로 차입하여 자기자본 1,000만원과의 합계 2,000만원으로 위의 (1)에서와 같은 비율로 주식 A

와 B에 투자하려고 한다. 이 때 이 포트폴리오의 두 요인에 대한 베타계수는 얼마인가?

(3) 위의 (2)에서 만든 포트폴리오의 기대수익률은 얼마인가?

(4) 요인 2에 대한 민감도 1단위당 위험프리미엄의 크기는 얼마인가?

포트폴리오	β_{j1}	β_{j2}	기대수익률
A	0.50	0.80	16.2%
B	1.50	1.40	21.6%
무위험이자율	0.00	0.00	10.0%

▌**풀이와 답   풀이 참조**

(1) 주식 B를 50%의 투자비율로 공매하고 주식 A를 150%의 투자비율로 매입하므로,

$$\beta_{P1} = (-0.5)(0.50) + (1.5)(1.50) = 2.0,$$
$$\beta_{P2} = (-0.5)(0.80) + (1.5)(1.40) = 1.7$$

(2) 이 경우 포트폴리오는 무위험자산에 -1, 주식 A에 3, 주식 B에 -1의 투자비율로 이루어진 포트폴리오이므로 두 요인에 대한 베타계수는 다음과 같다.

$$\beta_{P1} = (-1)(0) + (3)(0.50) + (-1)(1.50) = 0.0,$$
$$\beta_{P2} = (-1)(0) + (3)(0.80) + (-1)(1.40) = 1.0$$

(3) $E(R_P) = (-1)(0.10) + (3)(0.162) + (-1)(0.216) = 0.17$

(4) 요인2에 대한 민감도 1단위당 위험프리미엄을 알기 위해서는 먼저 요인2 포트폴리오의 위험프리미엄을 알면 된다. 위의 (2)에서 만든 포트폴리오는 요인2에 대해서만 1의 민감도를 갖고 있으므로, 요인2 포트폴리오에 해당한다. 따라서 요인2의 민감도 1단위당 위험프리미엄은 $7\%\,(=17\% - 10\%)$이다.

10. 체계적 위험요소로 물가상승률(I), 이자율(R), 환율(E) 등 세 가지가 공통요소로 고려된다고 가정하자. 다음의 자료를 활용하여 주식의 실제 수익률을 구하라. (단, 이 주식의 기대수익률은 6%, 고유요인에 따른 수익률 부분은 4%이다)

공통요인	기댓값	실현값	β
물가상승률	0.04	0.06	2.0
이자율	0.06	0.05	1.2
환율	0.05	0.04	1.5

풀이와 답　풀이 참조

$$F(I) = 0.06 - 0.04 = 0.02, \quad F(R) = 0.05 - 0.06 = -0.01,$$
$$F(E) = 0.04 - 0.05 = -0.01$$
$$R(A) = 0.06 + 2.0(0.02) + 1.2(-0.01) + 1.5(-0.01) + 0.04 = 0.113$$

11. 단일요인으로 시장포트폴리오만 존재하는 상황에서 다음과 같이 잘 분산된 포트폴리오 A와 B가 있다. 지금 베타가 0.5인 포트폴리오 C의 기대수익률이 15%라고 한다. 이 때 차익거래기회가 존재하는지를 살펴보고, 어떠한 차익거래를 구사할 수 있는지를 보여라.

포트폴리오	기대수익률	β
A	0.18	1.0
B	0.10	0.0
C	0.15	0.5

풀이와 답　풀이 참조

A와 B에 50%씩 투자한다면 포트폴리오의 기대수익률과 베타는 0.14와 0.5와 같다. 이 포트폴리오는 C에 비해 베타계수는 동일하지만 기대수익률이 1% 낮기 때문에 이 포트폴리오를 공매하고 C를 매입하면 1%에 해당하는 차익거래이익이 발생한다.

12. 잘 분산된 포트폴리오 A, B, C가 존재한다. 이 때, 각 포트폴리오의 기대수익률과 공통요인 1과 2에 대한 체계적 위험은 다음과 같을 때, *APT*를 도출하라.

포트폴리오	$E(R)$	β_1	β_2
A	0.07	0.7	0.5
B	0.11	1.3	0.9
C	0.09	1.1	1.0

풀이와 답　풀이 참조

$$0.07 = R_f + 0.7\lambda_1 + 0.5\lambda_2, \quad 0.11 = R_f + 1.3\lambda_1 + 0.9\lambda_2,$$
$$0.09 = R_f + 1.1\lambda_1 + 1.0\lambda_2$$을 풀면,
$$R_f = 0.0243, \quad \lambda_1 = 0.0857, \quad \lambda_2 = -0.0286$$
따라서 $E(R_i) = 0.0243 + 0.0857\beta_{i1} - 0.0286\beta_{i2}$

13. 주식시장에서 주식수익률은 다음 세 개의 공통요인의 영향을 받고 있으며, 각 공통요인에 대한 위험프리미엄은 아래와 같다.

공통요인	위험프리미엄
산업생산률(I)	0.03
이자율(R)	0.06
경기변동(C)	0.05

현재 시장에서 이 주식의 기대수익률은 17%이고, 실제수익률은 다음과 같은 세요인 모형에 의해 형성되고 있다.

$$R = 0.17 + 1.2 \times I + 0.8 \times R + 0.4 \times C + \epsilon$$

무위험이자율이 8%일 때, 이 주식의 균형수익률을 APT를 이용하여 계산하고, 이 주식의 과소 혹은 과대평가여부를 판단하라.

▌풀이와 답　풀이 참조

$0.12 = R_f + 1.5\lambda_1 + 2.0\lambda_2$, 　$0.14 = R_f + 1.0\lambda_1 + 1.0\lambda_2$,
$0.17 = R_f + 0.5\lambda_1 - 2.0\lambda_2$를 풀면 $R_f = 0.175$, 　$\lambda_1 = -0.03$, 　$\lambda_2 = -0.005$이므로,
$E(R_i) = 0.175 - 0.03\beta_{i1} - 0.005\beta_{i2}$가 된다.
이를 이용하여 균형기대수익률을 구하면,
$E(R_i) = 0.175 - 0.03(1.0) - 0.005(0.333) = 0.1433$
이는 기대수익률(16%)이 균형기대수익률(14.3%)보다 높으므로 과소평가되었음을 알 수 있다. 따라서 A, B, C를 각각 1/3억원씩 공매하여 D를 1,000만원 매입하면 1.67%의 차익을 얻을 수 있다.

14. 이자율(요인 R)과 산업성장률(요인 G) 두 가지의 공통요인이 존재하며, 이들의 기대수익률은 각각 $E(R_{FR}) = 14\%$, $E(R_{FG}) = 18\%$이다. 또 무위험이자율은 10%라 하자. 한편 충분히 분산투자된 포트폴리오 A가 있는데, 이들 두 공통요인 F_R과 F_G에 대한 베타계수가 각각 0.7과 1.30이다. 그리고 이 포트폴리오 A의 기대수익률은 20%이다.

(1) 요인포트폴리오 R과 G의 요인모형과 공통요인 R과 G에 대한 위험프리미엄을 계산하라. 또 포트폴리오 A의 요인모형과 포트폴리오 A에 대한 위험프리미엄을 구하라.

(2) 균형상태에서의 포트폴리오 A의 기대수익률을 구하라. 이 상황에서 차익거래가 일어나겠는가? 차익거래가 이루어진다면 그 과정을 제시하라. (단, 포트폴리오 A의 시장가치는 1,000만원이다)

▌**풀이와 답**　풀이 참조

(1) 요인포트폴리오 R의 요인모형: $R_{FR} = E(R_{FR}) + 1 \times F_R + 0 \times F_G = 0.14 + F_R$

$R_{FG} = E(R_{FG}) + 0 \times F_R + 1 \times F_G = 0.18 + F_G$

공통요인 R과 G에 대한 위험프리미엄은

$\lambda_R = E(R_{FR}) - R_f = 0.14 - 0.10 = 0.04$

$\lambda_G = E(R_{FG}) - R_f = 0.18 - 0.10 = 0.08$

따라서 포트폴리오 A의 요인모형은 다음과 같다.

$R_A = E(R_A) + 0.7F_R + 1.3F_G$

공통요인들에 대해 1단위의 체계적 위험을 부담함으로써 투자자들이 얻는 위험프리미엄은 각각 4%와 8%이므로, 포트폴리오 A의 위험프리미엄은 다음과 같이 계산될 수 있다.

$\lambda_R\beta_{AR} + \lambda_G\beta_{AG} = (0.04)(0.7) + (0.08)(1.3) = 0.132$

(2) 균형상태에서의 포트폴리오 A의 기대수익률은 다음과 같다.

$E(R_A) = R_f + (0.04)(0.7) + (0.08)(1.3) = 0.232$

각 공통요인에 대한 체계적 위험을 고려하여 산출되는 균형기대수익률(23.2%)보다 기대수익률(20%)이 낮으므로 포트폴리오 A는 과대평가되어 있다. 따라서 포트폴리오 A를 공매하고 요인포트폴리오를 매입하는 차익거래를 수행한다. 포트폴리오 A와 동일한 포트폴리오를 구성하기 위해 요인포트폴리오 R과 G에 각각 투자자금의 70%와 130%를 투자한다. 이 과정에서 추가로 100%의 자금이 더 필요하므로 이는 무위험이자율로 차입한다.

거래내용	투자액(만원)	투자위험	차익
포트폴리오 A 공매	+1000	$-[0.20 + 0.7FR + 1.3FG] \times 1000$	
요인포트폴리오 R 매입	−700	$[0.14 + 1.0FR + 0.0FG] \times 700$	
요인포트폴리오 G 매입	−1300	$[0.18 + 0.0FR + 1.0FG] \times 1300$	
무위험이자율로 차입	+1000	$-[0.10 + 0.0FR + 0.0FG] \times 1000$	
차익거래포트폴리오	0	$[0.032 + 0.0FR + 0.0FG] \times 1000$	32

효율적 시장과 이자율의 기간구조

효율적 시장과 이자율의 기간구조

1. 효율적 시장가설(EMH; Efficient Market Hypothesis)

1) 개념정리 문제

서술형

1. 자본시장은 효율적이라고 생각하는가? 그렇게 생각하는 이유에 대해 설명하시오.

2. 자본시장의 효율성을 검증하기 위한 연구방법들은 무엇이 있는지에 대해 설명하시오.

3. 준강형 효율적 시장가설의 이례현상들은 어떠한 것들이 있는지에 대해 설명하시오.

단답형

※ 다음이 맞는 내용이면 (○), 옳지 않은 내용이면 (×)로 표시하시오.

1. 기본적 분석은 약형 EMH가 성립하면 효과가 없고, 기술적 분석은 준강형 EMH가 성립하면 효과가 없다. (   )

2. 강형 EMH가 성립한다고 가정할 때, 적극적 투자전략으로 지속적인 초과수익을 달성하는 것은 가능하다. (   )

3. EMH가 성립할 때, 전문적으로 운영되는 뮤추얼펀드의 50%는 전형적인 연도에서 시장포트폴리오보다 높은 수익률을 올리는 것은 타당하다. (   )

4. EMH가 성립할 때, 전년도에 시장보다 높은 수익률을 올린 펀드매니저는 올해에도 시장보다 높은 수익률을 올릴 가능성이 높다. (   )

5. *EMH*가 성립한다고 가정한다면, 전월에 이익이 증가되었음을 발표한 기업의 주가는 다음 달에 시장보다 높은 성과를 보일 것으로 기대된다. ( )

6. *EMH*가 성립할 때, 어떤 회사가 수년 동안 계속적으로 많은 이익을 내고 이에 따라 주가도 계속 상승하는 것은 당연한 것이다. ( )

7. 약형 *EMH*가 성립한다면 주식의 평균수익률은 0과 유의한 차이를 가진다. ( )

8. 약형 *EMH*가 성립할 때, 오늘의 수익률과 어제 수익률 간 상관관계는 양(+)의 값을 가진다. ( )

9. 약형 *EMH*가 성립할 때, 주가가 저점에서 5% 오를 때 사고, 고점에서 3% 하락할 때 팔면 평균보다 현저하게 좋은 수익률을 얻을 수 있다. ( )

▎풀이와 답

1. (×), 기본적 분석은 준강형 *EMH*가, 기술적 분석은 약형 *EMH*가 성립하면 의미가 없다.

2. (×), 강형 *EMH*가 성립한다면 초과수익을 지속적으로 달성할 수는 없다.

3. (○)

4. (×), 펀드매니저가 매년 높은 수익률을 달성하기는 힘들다.

5. (×), *EMH*가 성립하면, 과거 이익 정보는 미래의 주가에 영향을 미치지 못한다.

6. (×), *EMH*가 성립하면, 과거 정보는 미래의 주가에 영향을 미치지 못한다.

7. (○)

8. (×), 약형 *EMH*가 성립할 때, 오늘의 수익률과 어제 수익률 간 상관관계는 0이다.

9. (×), *EMH*가 성립하면, 과거의 수익률 패턴 정보는 미래의 주가에 영향을 미치지 못한다.

※ 다음 ( )에 적당한 단어를 써 넣으시오.

10. (   )(이)란 자산의 시장가격이 '이용가능한' 모든 정보를 '충분히', '즉시적'으로, '공평하게' 반영하여 결정되는 시장으로 정의된다.

11. 위의 문제에서 (   )(이)라는 의미는 관련된 정보가 자본시장에 즉시적으로 전달되고, 모든 투자자들에게 비용 없이 공평하게 배분되며, 시장가격에 정확하게 반영되어야 한다는 것을 의미한다.

12. 그리고 (   )(이)라는 의미는 정보가 생성되자마자 곧바로 자본시장에 전달되어 가격에 반영될 수 있어야 한다는 것을 의미한다.

13. 그리고 (   )의 의미는 정보가 비싼 대가를 치러야 얻을 수 있거나 특정 투자자들에게만 제한적으로 배분되지 않는다는 뜻이다.

14. (   )은/는 자본시장의 자산가격은 '과거정보'를 모두 충분히 반영하고 있기 때문에 어떤 투자자라 할지라도 가격이나 거래량에 관한 역사적 정보를 이용하여 비정상 성과를 얻을 수 없다.

15. (   )은/는 자본시장의 자산가격은 '공표된 정보'를 충분히 반영하고 있기 때문에 어떤 투자자도 이를 이용하여 비정상 성과를 얻을 수 없다.

16. (   )은/는 자본시장의 자산가격은 '모든 이용가능한 정보'를 충분히 반영하고 있기 때문에 어떤 투자자도 이를 이용하여 비정상 성과를 얻을 수 없다.

17. 시장의 효율성을 실증검증하는 방법으로서, (   )은/는 어떤 사건의 공표시점을 중심으로 증권의 가격이 어떻게 반응하는지를 관찰하는 검증방법이다.

18. 효율적 시장가설에 반하는 것으로, 실제로 시장에서 뚜렷하게 관찰되는 증권가격의 비효율적 이상현상을 (   )(이)라고 한다.

▌풀이와 답

10. 효율적 시장$^{efficient\ market}$

11. 충분히

12. 즉시적

13. 공평하게

14. 약형 효율적 시장$^{weak-form\ EMH}$

15. 준강형 효율적 시장$^{semistrong-form\ EMH}$

16. 강형 효율적 시장$^{strong-form\ EMH}$

17. 사건연구$^{event\ study}$

18. 시장이례현상^{anomalies}

2) 객관식 문제

01. 효율적 시장가설(*EMH*)과 관련된 내용 중 적절하지 않은 것은?

① 시장에 새로운 정보는 무작위적으로 도달하고 발표시기도 각각 독립적이다.

② 시장이 준강형 *EMH*에 부합할 경우 기술적 분석은 가치 있는 것으로 간주된다.

③ 효율적 시장 하에서 새로운 정보가 시장에 도달하면 투자자는 그 정보를 감안하여 신속히 증권의 가치를 조정한다.

④ *EMH*에 의하면 인덱스 펀드와 같이 소극적인 포트폴리오 관리보다 나은 것은 없다.

▌풀이와 답 　②

기술적 분석은 약형 효율적 시장가설을 부정한다.

02. 다음 중 효율적 시장가설(*EMH*)과 관련된 내용으로 타당하지 않은 것은?

① 실증분석에 따르면 실제 시장은 준강형 효율적 시장에 가까워 기본적 분석으로 주식을 평가해야 한다.

② 기술적 분석은 과거 주가의 체계적인 패턴을 찾아내어 향후 주가전망을 하는 기법이다.

③ 기본적 분석은 약형 효율적 시장에서 초과이익을 얻을 수 있고, 기술적 분석은 비효율적 시장에서 초과이익을 얻을 수 없다.

④ 강형 효율적 시장에서는 어떠한 초과이익도 얻을 수가 없다.

▌풀이와 답 　①

준강형 효율적 시장에서는 이미 내재가치가 주가에 반영되어 있으므로, 기본적 분석은 의미가 없다.

03. 최소한 준강형 효율적 시장이 성립할 때 다음 중 가장 적절하지 못한 주장은?

① 내부정보가 없는 상태에서 증권에 투자해 몇 년 사이 1,000%의 수익을 올린 투자자가 있을 수 있다.

② 최근 몇 년간 경영상의 어려움을 겪어 적자누적으로 주당 장부가치가 액면가를 밑도는데도 불구하고 주가는 액면가보다 높게 형성될 수 있다.

③ A회사는 환경단체와의 재판에서 패소해 추가로 부담해야 할 비용이 확정되었으므로 A회사의 주식은 당분간 매입하지 말아야 한다.

④ 은행장이 그동안 불법대출을 주선하여 은행에 막대한 손실을 입혀왔다는 사실이 일주일 전 밝혀져 해당 은행의 주가가 급락했다. 그리고 오늘 아침 그 은행장이 사표를 제출했다는 사실이 알려지면서 해당 은행의 주가는 다시 상승했다.

❙ 풀이와 답   ③

재판으로 비용이 확정되었다면 이미 주가에 반영이 되어 있으므로, 향후 주가에는 영향을 미치지 못한다.

04. 어떤 기업이 예상치 않게 많은 현금배당 지급을 공표했다고 가정하자. 정보가 누출되지 않는 효율적 시장에서 예상되는 일은?

① 공표시점에서 가격이 비정상적으로 변동한다.

② 공표 이전에 비정상적으로 가격이 오른다.

③ 공표 이후 가격이 비정상적으로 내린다.

④ 공표 전이나 후에 비정상적인 가격변동은 발생하지 않는다.

❙ 풀이와 답   ①

효율적 시장가설에 따르면 예상치 못한 정보에 대해 공표시점에서 가격이 비정상적으로 반응하게 된다.

05. 다음 중 준강형 효율적 시장이론에 반대되는 증거를 제공하는 것은 어느 것인가?

① 연금기금의 50%는 해마다 시장수익률을 상회한다.

② 모든 투자자들은 미래수익률에 대한 신호를 이용하기 위해 학습한다.

③ 추세분석은 주식가격을 결정하는데 가치가 없다.

④ 주가수익비율(P/E)이 낮은 주식은 장기적으로 양의 비정상 수익률을 내는 경향이 있다.

┃풀이와 답   ④

준강형 효율적 시장가설 하에서는 과거정보로 양의 비정상수익률을 얻을 수 없다.

06. 효율적 시장가설에 관한 설명 중 가장 옳지 않은 것은?

① 시장의 준강형 효율성 가설 검증을 위해 사건연구(event study)방법을 활용할 수 있다.

② 미국 증권시장의 일일 주가 수익률을 분석해 보면 소형주의 수익률은 전날 대형주 수익률을 추종하나, 대형주의 수익률은 전날 소형주 수익률을 추종하지는 않는 것으로 나타난다. 이는 시장이 약형으로 효율적이지 않다는 증거로 볼 수 있다.

③ 시장이 강형으로 효율적이라면 베타계수가 작은 주식에 투자한 경우 베타계수가 큰 주식에 투자했을 때보다 더 높은 수익률을 올릴 수 없다.

④ 기업의 인수합병 발표 직후 피인수기업과 합병기업의 주가가 상승하는 것으로 나타난다.

┃풀이와 답   ③

강형 효율적 시장가설이 성립하면 미공개 내부정보로도 초과수익을 달성할 수 없다.

07. 이례현상이란 다음 중 어느 것인가?

① 시장에 대한 외부의 충격은 날카롭지만 지속적이지는 않다.

② 역사적인 가격이나 거래량 추세와는 일관성이 없는 가격이나 거래량

③ 효율적인 매입과 매도를 중개하는 거래구조 또는 가격결정체계

④ 효율적 가설시장의 예측과 다르게 움직이는 주가의 행태

┃풀이와 답   ④

시장이례현상의 정의이다.

08. 다음 *EMH*에 대한 설명으로 틀린 것은?

① 약형 *EMH*의 경우 현재 주가에 과거정보가 모두 반영되어 있다고 믿는다.

② 준강형 효율적 시장에서는 기본적 분석을 통해서 초과수익을 낼 수 없다.

③ 효율적 시장에서 주가는 예측할 수 있는 새로운 정보에 대해서만 반영한다.

④ 강형 효율적 시장에서는 어떠한 분석을 해도 초과수익을 낼 수 없다.

▎**풀이와 답**　③

효율적 시장에서 주가는 예측할 수 없는 새로운 정보에 대해서만 반영한다.

09. 다음 현상들 중에서 약형 *EMH*와 가장 강하게 모순되는 것은 어떤 것인가?

① 투자신탁회사에서 설정한 기금 중 25%가 시장평균보다 좋은 성과를 가져다주었다.

② 내부자 거래는 일반적으로 비교적 큰 비정상성과를 얻고 있다.

③ 정월에는 특히 주가가 많이 오른다.

④ 매년 펀드매니저의 약 50%는 양(+)의 성과를 얻고 있다.

▎**풀이와 답**　③

약형 *EMH*는 역사적 정보를 충분히 반영하는 시장으로서 주가가 일정한 추세 또는 패턴을 갖지 않게 된다.

10. 다음 중 효율적 시장가설과 관련된 설명으로 올바르지 못한 것은?

① 약형 효율적 시장가설이 성립된다고 한다면 기술적 분석은 활용도가 떨어질 것이다.

② 정보가 공개되면 즉각적으로 주가에 반영되기 때문에 공개된 정보는 종목을 선정하는데 아무런 도움이 되지 못한다고 한다면 이는 중강형 효율적 시장가설이 성립되고 있다는 증거이다.

③ 기본적 분석의 활용도가 높아지려면 준강형 효율적 시장가설이 성립되지 않아야 한다.

④ 시장의 효율성이 높아질수록, 패시브 운용보다는 액티브 운용을 추구해야
할 것이다.

▌풀이와 답　④

시장의 효율성이 높아질수록 액티브 운용보다는 패시브 운용의 타당성이 높아진다.

11. 다음 중 가장 옳지 않은 설명은?

① 날씨가 맑은 날에는 주가지수가 상승하고, 그렇지 않은 날에는 주가지
수가 하락하는 경향이 전 세계적으로 관찰되고 있음을 보인 연구결과
가 있다. 만일 이 연구결과가 사실이라면 이는 시장이 약형으로 효율적
이지 않다는 증거이다.

② 시장이 약형으로 효율적이라면 기술적 분석을 이용해서 초과수익률을
얻을 수 없다.

③ 시장이 효율적이고 *CAPM*이 맞다고 해도 베타가 같은 두 주식의 실
현수익률이 다를 수 있다.

④ 국내 주식시장에서 개인투자자들의 투자성과가 외국인투자자들에 비해 지
속적으로 낮다는 연구결과가 있다. 모든 투자자들이 공개된 정보만을 이용
하였다면, 이는 시장이 준강형으로 효율적이지 않다는 증거로 볼 수 있다.

▌풀이와 답　①

날씨에 관한 정보는 과거정보가 아니라 미래의 정보이기 때문에 약형 효율적 시
장가설과는 관계가 없다.

3) 주관식 문제

01. 주식 A의 일별 기대수익률은 0.0453%이다. A주식 배당이 예상외로 증가할 수 있다는 발표를 한 3월 3일 전후의 주식 A의 일별 수익률은 아래와 같다. 사건연구(event study)를 위해 이의 비정상수익률($AR^{\text{abnormal return}}$)과 누적비정상수익률($CAR^{\text{cumulative abnormal return}}$)을 구하시오.

날짜	수익률
3.1	−0.5%
3.2	0.3%
3.3	5.0%
3.4	3.0%
3.5	0.05%

▌풀이와 답 풀이 참조

날짜	AR	CAR
3.1	−0.5453%	−0.5453%
3.2	0.2547%	−0.2906%
3.3	4.9547%	4.6641%
3.4	2.9547%	7.6188%
3.5	0.0047%	7.6253%

2. 이자율의 기간구조

1) 개념정리 문제

서술형

1. 이자율의 기간구조$^{\text{term structure}}$에서 장기이자율과 단기이자율 간의 관계를 설명하시오.

2. 불편기대이론$^{\text{unbiased expectation theorem}}$에 대해 설명하시오.

3. 유동성프리미엄가설에 대해 설명하시오.

단답형

※ 다음이 맞는 내용이면 (○), 옳지 않은 내용이면 (×)로 표시하시오.

1. 불편기대이론에 유동성프리미엄을 추가하여 상환기간에 따라 수익률에도 차이가 있다고 설명하는 것이 유동성프리미엄가설이다. (   )

2. 채권시장이 투자자들이 선호하는 기간구조에 의해 분할되고, 그 기간에 해당하는 채권수익률은 그 기간을 선호하는 투자자들의 수요와 공급에 의해 결정된다는 이론은 불편기대이론이다. (   )

3. 유동성프리미엄이 반영된 수익률곡선은 언제나 우상향하는 형태로 나타난다. (   )

4. 채권수익률의 기간구조에 대한 유동성선호가설이 성립하고 수익률곡선이 수평의 형태라면 투자자들은 미래의 기간별 이자율이 일정할 것이라고 기대하고 있다는 뜻이다. (   )

5. 이자율이 상승하는 기간구조를 보이고 있을 때는 위에서부터 만기수익률곡선 → 현물이자율곡선 → 선도이자율곡선의 순으로 나타난다. (   )

6. 불편기대이론에 의하면 장기수익률은 유동성프리미엄으로 인해 단기수익률보다 항상 높다. (   )

7. 유동성프리미엄가설은 만기가 길어질수록 언제나 더 높은 수익률을 갖게 됨을 의미한다. (   )

8. 불편기대이론에 의하면, 미래의 단기이자율이 현재의 단기채권의 만기수익률과 같을 것으로 예상될 경우, 수익률곡선은 만기에 관계없이 일정할 것이다. (   )

9. 시장분할가설에 의하면, 채권투자자들이 특정 만기의 영역에만 한정하여 채권을 거래한다. (   )

▌풀이와 답

1. (○)
2. (×), 시장분할가설이다.
3. (×)
4. (×), 미래로 갈수록 커지는 유동성프리미엄이 기대 현물이자율에 더해져서 수

평의 형태가 된 것이므로, 투자자들은 미래의 기간이자율이 하락할 것으로 기
대하고 있다는 뜻이다.

5. (×), 선도이자율 → 현물이자율 → 만기수익률

6. (×), 유동성프리미엄가설에 대한 설명이다.

7. (×), 미래 단기이자율이 하락할 것으로 예상될 경우 만기가 길어져도 수익률
은 하락할 수 있다.

8. (○), 불편기대가설에 의하면 만기수익률은 미래의 단기이자율의 기하평균과
같아야 하므로, 미래의 단기이자율이 일정하면 수익률곡선은 일정하다.

9. (×), 시장분할가설에 의하면, 모든 투자자들이 특정 만기의 영역에만 한정하
여 채권을 거래하는 것이 아니고, 특정 투자자 집단은 특정 만기의 채권만을
거래하고 다른 투자자 집단은 다른 만기의 채권만을 거래한다고 본다.

※ 다음의 ( )에 적당한 단어를 써 넣으시오.

10. 피셔방정식의 명목이자율은 실질이자율과 (   )의 합으로 이루어진다.

11. 동일한 위험도를 가지고 있지만, 잔존기간이 서로 다른 채권들의 잔존기간과 만
기수익률 간의 특정한 시점에서의 관계를 그래프로 나타낸 것을 (   )
(이)라고 한다.

풀이와 답

10. 기대인플레이션율

11. 수익률곡선

2) 객관식 문제

01. 다음 문장들 중 옳은 것은?

① 기대가설은 예상되는 미래 단기금리가 현재 단기금리를 초과하는 경우
평평한 수익률곡선을 의미한다.

② 기대가설의 기본적인 결론은 장기금리가 예상되는 단기금리와 같다는
것이다.

③ 유동성가설은 다른 모든 것이 동일한 경우, 만기가 길수록 수익률이 높
음을 의미한다.

④ 유동성선호이론에 따르면 우상향 수익률곡선은 시장이 금리상승을 예
상함을 시사한다.

▌ 풀이와 답   ②
기대이론은 미래의 단기 기대이자율이 일정하면 수익률곡선은 일정하다는 것이
고, 유동성프리미엄가설은 만기가 길수록 유동성 프리미엄만큼의 수익률이 변동
할 수 있다는 것이다.

02. 채권수익률의 기간구조를 설명하는 이론에 관한 다음 설명 중 옳은 것은?
① 불편기대이론에 의하면 투자자가 금리상승을 예상하면 수익률곡선은
우하향한다.
② 유동성프리미엄이론의 수익률곡선은 불편기대이론의 수익률곡선보다 상
위에 위치한다.
③ 시장분할이론에 의하면 수익률곡선은 연속적이다.
④ 유동성프리미엄이론에 의하면 일반적으로 장기채권은 단기채권에 비해
위험이 낮다.
⑤ 불편기대이론에 의하면 특정 기간을 선호하는 투자자의 수요와 공급에
의해 수익률곡선이 결정된다.

▌ 풀이와 답   ②
기대이론에 의하면 투자자가 금리상승을 예상하면 수익률곡선은 우상향하며, 유
동성프리미엄이론에 의하면 일반적으로 장기채권은 (+)의 유동성프리미엄에 의
해 단기채권보다 위험이 높다.

03. 수익률곡선에 대한 이론 중 불편기대가설에 대한 설명으로 가장 거리가 먼 것은?
① 미래 단기이자율에 대한 투자자들의 기대에 의해 수익률곡선의 형태가
결정된다.
② 금리상승이 기대되면 장기채 매각, 단기채 매입으로 수익률곡선은 우상
향한다.
③ 금리가 변동하지 않을 것으로 기대할 경우 수익률곡선은 수평이 된다.
④ 금리하락이 기대되면 장기채의 가격이 하락하고 수익률은 상승한다.

⑤ 모든 투자자는 위험중립형이어서 기대수익만 극대화한다는 가정을 전제로 한다.

▌풀이와 답　④

금리하락이 기대될 경우 수익률 하락으로 인한 가격차익을 극대화하기 위해 단기채를 매각하고 장기채를 매입하는 과정에서, 단기채의 가격이 하락하고 수익률은 상승하며, 수익률곡선은 우하향의 형태를 나타낸다.

04. 불편기대이론의 가정으로 적절하지 않은 것은?

① 모든 투자자는 위험중립형이다.

② 단기채와 장기채는 완전 대체관계에 있다.

③ 수익률곡선이 수평이동한다.

④ 미래의 이자율을 정확하게 예상할 수 있다.

▌풀이와 답　③

수익률곡선의 이동에 대한 가정은 없다.

05. 유동성프리미엄이론에 대한 다음 설명 중 틀린 것은?

① 투자자들은 만기가 길수록 증가하는 위험에 대하여 유동성프리미엄을 요구한다.

② 채권투자자들은 수익성보다 안정성을 중요시한다고 가정한다.

③ 유동성프리미엄은 만기까지의 기간이 길수록 체감적으로 증가한다.

④ 향후 이자율의 불변이 예상되면 수익률곡선이 수평의 형태를 나타낸다.

⑤ 유동성프리미엄이론의 수익률곡선은 불편기대이론보다 항상 상위에 있다.

▌풀이와 답　④

향후 이자율의 불변을 예상하더라도 유동성프리미엄의 영향으로 수익률곡선은 우상향의 형태를 가지며, 우상향의 일반적인 수익률곡선을 가장 효과적으로 설명하는 이론이다.

06. 수익률곡선의 기간구조이론에 대한 설명으로 바르지 못한 것은?

① 불편기대이론에 의하면 장기이자율은 미래 단기이자율의 기하평균과 동일하다.

② 유동성프리미엄이론의 수익률곡선은 불편기대이론보다 항상 상위에 존재한다.

③ 시장분할이론은 단기채와 장기채가 완전대체관계인 것으로 가정한다.

④ 유동성프리미엄은 우상향의 일반적인 수익률곡선을 가장 효과적으로 설명한다.

⑤ 불편기대이론의 수익률곡선은 금리상승이 예상될 경우 우상향의 형태를 가진다.

┃풀이와 답   ③

불편기대이론이 모든 투자자가 위험중립형이며, 단기채와 장기채가 완전대체관계인 것으로 가정하고, 기대에 따라 차익거래가 성립한다는 것이며, 시장분할이론은 시장이 분할되어 있어 단기채와 단기채 간의 대체탄력성은 '0'인 것으로 가정한다.

07. 수익률곡선이론에 관한 설명으로 가장 거리가 먼 것은?

① 불편기대이론에서는 수익률곡선의 형태가 미래의 단기이자율에 대한 투자자의 기대에 의하여 결정된다고 주장하며, 위험중립적이라는 가정에 근거한다.

② 유동성이론에서는 장기채권의 수익률이 기대현물이자율에 유동성프리미엄을 가산한 값의 기하평균과 같다고 주장하며 불편기대이론에 의한 수익률곡선보다 언제나 아래에 위치한다.

③ 선호영역가설에서는 충분한 대가가 주어진다면 선호하는 채권 이외 다른 만기의 채권에도 투자한다고 본다.

④ 시장분할이론은 채권시장이 몇 개의 하위시장으로 분할되어 채권수익률과 잔존기간 간에 어떤 체계적 관계가 존재하지 않는다는 이론으로, 금융기관의 헤지행태에서 그 근거를 찾고 있다.

█ 풀이와 답 ②

유동성프리미엄이론에 의하면 시장참가자들은 언제나 위험에 대한 프리미엄을 요구하므로 불편기대이론보다 수익률곡선이 언제나 상위에 위치해야 한다.

08. 수익률곡선타기 전략에 관한 설명으로 적절하지 않은 것은?

① 예상 운용기간보다 만기가 긴 채권을 매입한다.

② 수익률곡선이 우상향일 때 가능한 전략이다.

③ 만기 이전에 채권을 매각하여 자본차익 효과를 기대한다.

④ 불편기대이론이 타당하고 그 예상이 정확하다고 전제한다.

█ 풀이와 답 ④

불편기대이론이 맞다면 오히려 손실이 발생하는 전략이다.

3) 주관식 문제

01. 1년 만기 현물이자율이 4%, 내년의 1년 만기 예상금리가 5%이다. 불편기대이론에 의하면 2년 만기 현물이자율은 얼마가 되는가?

█ 풀이와 답 4.499%

$(1+{_0}S_2)^2 = (1+0.04) \times (1+0.05), \ {_0}S_2 = 4.499\%$

02. 지급불능 위험이 없는 무이표채의 수익률곡선은 현재 다음과 같다.

만기(년)	YTM
1	10%
2	11%
3	12%

(1) 내재된 1년 선도이자율은 얼마인가?

(2) 기간구조의 순수 기대가설이 옳다고 가정하자. 시장의 기대가 정확하다면 다음 연도의 순수수익률곡선(즉, 1년 만기와 2년 만기 무이표채의 만기수익률)은 어떻게 되겠는가?

(3) 당신이 지금 2년 만기 무이표채를 매입한다면 다음 연도의 총기대수익률은 얼마인가? 당신이 3년 만기 무이표채를 매입한다면 어떻게 되는가? (힌트: 현재 가격과 기대가격을 계산하시오. 세금은 무시)

▌풀이와 답 풀이 참조

(1)

년도	YTM	선도이자율	가격
1	10.0%		$909.09(=1000/1.10)$
2	11.0%	$12.01\%(=(1.11^2/1.10)-1)$	$811.62(=1000/1.11^2)$
3	12.0%	$14.03\%(=(1.12^2/1.11^2)-1)$	$711.78(=1000/1.12^3)$

(2) 우상향하는 모습을 보인다.

년도	가격	YTM
1	$892.78(=1000/1.1201)$	12.01%
2	$782.93(=1000(1.1201\times1.1403)$	13.02%

(3) 내년도에 2년 만기 할인채는 1년 만기 할인채가 될 것이고, 가격은 $1,000/1.1201=\$892.78$ 될 것이다. 동일하게 현재 3년 만기 할인채는 2년 만기 할인채가 되어 가격은 $782.93가 된다.

따라서 2년 만기 할인채의 기대수익률은 $(892.78-811.62)/811.62-1=10\%$ 가 된다.

03. 2년 만기 채권의 만기수익률은 7%, 3년 만기 채권의 만기수익률은 7.8%, 4년 만기 채권의 만기수익률은 8.5%이다. 이 세 가지 채권 모두 이표이자가 없고 채무불이행위험도 없다면, 불편기대가설에 의하여 제3년도 및 제4년도의 내재선도이자율을 구하시오.

▌풀이와 답 풀이 참조

제4년도의 단기이자율: $(1+0.078)^4=(1+0.07)^3(1+{_2}f_3)$, ${_2}f_3=9.42\%$

제3년도의 단기이자율: $(1+0.085)^4=(1+0.078)^3(1+{_3}f_4)$, ${_3}f_4=10.63\%$

04. 현재 기간구조는 다음과 같다. 1년 만기 채권수익률은 7%, 2년 만기 채권수익률은 8%, 만기가 3년 이상인 채권의 수익률은 모두 9%로 알려져 있다. 이 때 당신은 매년 8%의 연간 액면이자를 지급하는 1년, 2년, 3년 만기 채권 중에서 하나를 선택하려고 하고, 연말 수익률곡선이 9%에서 평평해질 것이라 강력하게 믿고 있다면, 어느 증권을 매입하는 것이 옳은 선택인가?

▌**풀이와 답** 풀이 참조

3년 만기 채권의 수익률이 가장 높으므로, 이를 매입하여야 한다.

구분	1년 만기	2년 만기	3년 만기
현재 YTM	7.00%	8.00%	9.00%
현재 가격	$1,009.35	$1,000.00	$974.69
연말 가격($YTM=9\%$)	$1,000.00	$990.83	$982.41
자본이득	$-9.35	$-9.17	$7.72
쿠폰	$80.00	$80.00	$80.00
1년 수익	$70.65	$70.83	$87.72
1년 수익률	7.00%	7.08%	9.00%

05. 다음의 액면가 $1,000인 무이표채에 대해 생각해보자.

채권	만기(연도수)	만기수익률(YTM)
A	1	5%
B	2	6%
C	3	6.5%
D	4	7%

기대가설에 따르면, 지금으로부터 3년 후 연이율에 대한 시장의 기대는 어떻게 되겠는가?

▌**풀이와 답** 8.51%

$(1+{_0}S_4)^4 = (1+{_3}f_4)(1+{_0}S_3)^3$

$(1+0.07)^4 = (1+{_3}f_4)(1+0.065)^3$

${_3}f_4 = \dfrac{1.07^4}{1.065^3} - 1 = 0.0851$

06. 1년 만기 현물이자율은 4%이다. 2년 만기, 표면금리 4%, 연후급인 채권의 만기수익률이 6%이고 가격이 9,633원이라면 2년 만기 현물이자율은 얼마인가?

▌풀이와 답   6.05%

$9,633 = \$400/(1.04) + \$10,400/(1 + {}_0S_2)^2$에서, ${}_0S_2 = 6.05\%$

07. 현재 1년 만기 무이표채의 만기수익률은 8%이고, 2년 만기 무이표채의 만기수익률은 9%이다.

(1) 내년도의 선도이자율은 얼마인가?

(2) 기대가설을 믿는 경우, 다음 해의 단기이자율은 얼마로 예상되는가?

▌풀이와 답   풀이 참조

(1) $(1 + {}_0S_1)(1 + {}_1f_2) = (1 + {}_0S_2)^2$

$\qquad (1 + 0.08)(1 + {}_1f_2) = (1 + 0.09)^2$

$\qquad {}_1f_2 = 0.1001$

(2) 기대가설이 맞다면 내년도의 현물이자율은 선도이자율과 같다. 따라서 10.01%

08. 내년도에 1,000,000원을 투자할 대상으로 다음과 같은 세 가지 대안을 고려하고 있다. 이들 대안에 대하여 투자결정을 할 때 장래의 이자율은 어떤 영향을 미치게 하는가?

(1) 연 6%의 수익률을 제공하는 30일 만기의 단기증권

(2) 연 7%의 수익률을 제공하는 1년 만기의 저축예금

(3) 만기수익률이 연 9%인 20년 만기 재정증권

▌풀이와 답   풀이 참조

(1) 이자율변동은 단기증권에는 큰 영향을 미치지 않는다. 단기증권은 잠시자금을 예치하기에 적당하며 이자율이 상승할 것으로 예측되면 다른 투자대안을 모색하면 된다. 단기증권 등은 유동성이 매우 높기 때문에 언제나 쉽게 자금을 회수할 수 있다.

(2) 이자율이 하락할 것으로 예견되면 현재의 저축예금금리(7%)를 계속 유지하려 할 것이고, 이자율이 상승할 것으로 예견되면 실제금리가 상승할 때까지

자금을 통화시장에 예치하는 것이 좋을 것이다.

(3) 이자율이 연말에 하락할 것으로 예견되면 자본이득을 볼 수 있도록 채권에 투자하려 할 것이고, 이자율이 상승할 것으로 예상되면 자본손실을 초래할 것이므로 채권구입을 하지 않을 것이다.

09. 이자율의 기간구조가 다음과 같다. 첫 해의 시장이자율이 7%, 둘째 해의 시장이자율이 8%, 셋째 해의 시장이자율이 9%라 할 때 투자자가 1년 만기 채권, 2년 만기 채권, 3년 만기 채권 중에서 하나를 선택하려고 한다. 세 종류의 채권은 모두 액면가가 1,000만원이고 1년에 8%의 이자를 지급한다. 1년 동안 투자한다면 어떤 채권을 구입하겠는가? 만일 1년 후의 수익률곡선은 9%로 일정하다면 어떤 채권을 구입하겠는가?

▌풀이와 답　풀이 참조

1년 만기 채권을 구입하려고 한다. 장래의 이자율이 증가하면 장기채권의 가치는 하락한다. 따라서 이자율이 오를 것으로 예상될 때에는 만기가 짧은 채권을 우선 구입하는 것이 좋다.

Chapter

05

채권투자전략

채권투자전략

1. 채권의 내재가치

1) 개념정리 문제

서술형

1. 채권의 내재가치를 구성하는 요인들은 무엇인가?

2. 채권의 표면이자율$^{coupon\ rate}$, 만기수익률$^{Yield\ to\ Maturity}$, 경상수익률$^{current\ yield}$이 갖는 각각의 의미에 대해 설명하시오.

3. 채권의 표면이자율과 만기수익률의 크기에 따라 채권가격이 액면가에 비해 어떠한 특성을 가지는지에 대해 설명하시오.

4. 채권의 특성에 따라 이자율 변화에 따른 채권가격의 변동률이 어떻게 달라지는지에 대해 설명하시오.

단답형

※ 다음이 맞는 내용이면 (○), 옳지 않은 내용이면 (×)로 표시하시오.

1. 채권의 일반적 본질은 확정이자부 증권, 이자지급 증권, 기한부 증권, 장기증권을 의미한다. (   )

2. 콜옵션이 없는 채권투자에 대한 위험은 이자율 위험, 재투자 위험, 채무불이행 위험 및 중도상환 위험을 내포한다. (   )

3. 채권은 주식에 비해 타인 자본이며, 존속기간이 제한적이고 원금이 만기일에 상환되는 특성을 갖고 있다. (　)

4. 옵션부사채는 채권발행 시 제시되는 일정조건이 성립되면 만기 전이라도 발행회사는 사채권자에게 매도청구(콜옵션)를, 사채권자는 발행회사에 상환청구(풋옵션)를 할 수 있는 권리가 부여된 채권을 의미한다. (　)

5. 채권투자에 따른 수익은 표면이자수익, 이자의 재투자수익, 상환시의 상환차익과 중도매각시 매매차익을 말한다. (　)

6. 시장금리가 액면이자율보다 높을 경우, 채권의 가격은 액면가보다 높다. (　)

7. 채권이 만기일에 가까워짐에 따라 채권의 가격은 액면가에 근접하게 된다. (　)

8. 채권의 잔존기간이 길수록 동일한 수익률변동에 대한 가격변동률은 감소한다.
(　)

9. 채권의 수익률이 하락하면 채권가격은 상승한다. (　)

10. 채권가격은 수익률과 반대방향으로 움직인다. (　)

11. 표면이자율이 낮을수록 수익률 변동에 대한 가격변동률은 작아진다. (　)

12. 수익률 하락시 채권가격 상승폭이 수익률 상승시 채권가격 하락폭보다 크다.
(　)

▌풀이와 답

1. (○)
2. (○)
3. (○)
4. (○)
5. (○)
6. (×), 시장금리가 채권의 액면이자율보다 높으면 채권의 가격은 액면가보다 낮게 된다.
7. (○)
8. (×), 채권의 잔존기간이 길수록 동일한 수익률 변동에 대한 가격변동률은 커진다.
9. (○)
10. (○)
11. (×), 채권의 표면이자율이 낮으면 수익률 변동에 대한 가격변동은 상대적으로 커진다.
12. (○)

※ 다음의 ( )에 적당한 단어를 써 넣거나 고르시오.

13. 일정한 기간 동안 정기적으로 약정된 이자를 지급하고 만기일에 원금, 즉 채권의 액면가를 상환할 것을 약속한 증권을 (   )(이)라고 한다.

14. (   )은/는 이자를 지급하지 않고, 만기일에 원금만 상환하는 채권이다.

15. (   )은/는 사채의 원리금 상환에 대하여 금융기관의 보증이나 담보공여 없이 발행회사의 자기신용에 의해 발행되는 사채를 말한다.

16. (   )은/는 일정한 조건에 따라 채권을 발행한 회사의 주식으로 전환할 수 있는 권리가 부여된 채권이다.

17. 채권의 수익률변동위험에는 (   )위험과 (   )위험이 있다.

18. 채권의 가격위험과 재투자위험이 완전히 상쇄되지 않음으로써 발생되는 채권투자위험을 (   )위험이라고 한다.

19. 수의상환채권 발행자는 시장수익률이 (상승, 하락)하면 수의상환권을 행사한다.

20. 이표채의 만기수익률이 실현되기 위해서는 만기까지의 이자를 (   )로 재투자할 수 있어야 한다.

▎풀이와 답
  13. 채권
  14. 순수할인채
  15. 무보증사채
  16. 전환사채
  17. 가격위험, 재투자수익률위험
  18. 이자율변동
  19. 하락
  20. 만기수익률

2) 객관식 문제

01. 채권에 관한 다음 설명 중 옳지 않은 것은?

① 채권등급이 높을수록 채권의 만기수익률은 증가한다.

② 시장이자율이 채권의 쿠폰이자율보다 큰 경우 채권은 할인발행된다.

③ 채권의 가치는 채권으로부터 기대되는 미래 현금흐름의 현재가치로 환산한 값이다.

④ 시장이자율과 채권의 쿠폰이자율이 같을 경우 채권의 발행가격은 액면가와 동일하다.

┃ 풀이와 답   ①

채권등급이 높으면 요구수익률은 낮아진다.

02. 채권에 관한 다음 설명 중 옳지 않은 것은?

① 채권소유자는 경영성과에 관계없이 확정된 이자를 받는다.

② 채권은 영구채권을 제외하면 기한부 증권이다.

③ 채권소유자는 회사 해산 시 주주에 우선하여 변제받을 권리가 있다.

④ 채권소유자는 경영참가권을 가진다.

┃ 풀이와 답   ④

채권보유자는 경영참가권은 가지지 못하는 대신, 확정이자와 만기 시 원금을 상환받는다.

03. 채권발행에 대한 다음 설명 중 잘못된 것은?

① 매출발행은 채권의 발행액을 미리 정하지 않고, 일정기간 내에 개별적으로 투자자에게 매출하여 매도한 금액을 발행총액으로 하는 방법이다.

② 공모입찰발행은 미리 발행조건을 정하지 아니하고, 가격이나 수익률을 다수의 응모자에게 입찰시켜 그 결과를 기준으로 발행조건을 정하는 방법이다.

③ 채권의 입찰방식에는 가격입찰방식과 수익률입찰방식이 있다.

④ 수익률입찰방식은 높은 수익률부터 순서대로 낙찰한다.

풀이와 답 ④

수익률이 낮아야 발행자에게 유리하므로, 수익률입찰방식은 낮은 수익률부터 낙찰한다.

04. 채권가격에 대한 설명으로 적절하지 못한 것은?

① 채권의 가격은 채권이 창출하는 미래 현금흐름을 현재가치로 환산하여 평가한다.

② 표면이율이 채권수익률보다 클 경우 액면가격보다 싸게 거래한다.

③ 채권수익률과 채권가격은 역의 관계를 가진다.

④ 채권가격과 수익률의 관계는 선형관계가 아니라 볼록한 형태를 띤다.

풀이와 답 ②

표면이율보다 채권수익률이 클 경우 액면가보다 비싸게 거래되며, 반대로 표면이율이 채권수익률보다 작을 경우 액면가보다 싸게 거래된다.

05. 채권의 이자의 이자까지도 감안하여 산출되는 채권의 예상수익률로, 채권으로부터 얻을 수 있는 현금흐름의 현재가치와 그 채권의 시장가격을 일치시켜주는 할인율은?

① 만기수익률   ② 실현수익률

③ 표면수익률   ④ 경상수익률

풀이와 답 ①

만기수익률의 정의이다.

06. 채권수익률에 대한 설명으로 바르지 못한 것은?

① 채권수익률은 투자수익을 투자원금으로 나누어 환산한 것이다.

② 만기수익률 산출 시 표면이자수입 외에 가격손익이나 재투자수익 등은 제외한다.

③ 경상수익률은 표면이자 수입만을 평가하는 수입률 척도이다.

④ 할인채의 경우 만기까지 보유 시 실효수익률과 만기수익률이 일치한다.

▌풀이와 답   ②

만기수익률은 채권에 투자한 후부터 만기상환일까지의 기간 동안 발생하는 모든 현금흐름의 현재가치의 합과 시장에서 그 채권이 매매되는 가격을 일치시키는 할인율로, 표면이자수입은 물론 가격손익이나 재투자수입까지를 감안하여 산출한다.

07. 채권의 투자수익률에 대한 설명으로 가장 거리가 먼 것은?

① 표면이율은 액면에 대한 연간 표면이자수입의 비율을 말하며, 채권 권면에 기재된 이율로서 단리개념이고 재투자개념이 없다.

② 실효수익률은 전체 투자기간 동안 모든 투자수익 요인들에 의해 발생된 최종 총수입의 투자원금대비 수익성을 일정기간 단위 복리방식으로 측정한 투자수익률이다.

③ 연평균수익률은 전체 투자기간 동안 발생된 총수입인 채권의 최종가치를 투자원금인 채권의 현재가격으로 나눈 후 이를 투자연수로 나눈 단리수익률을 의미한다.

④ 세전수익률은 채권의 만기까지 단위기간별 원리금에 의한 현금흐름의 현재가치의 합을 채권의 가격과 일치시키는 할인율을 의미한다.

▌풀이와 답   ④

만기수익률(YTM; Yield To Maturity)에 관한 설명이다.

08. 다음 중 채권수익률의 결정요인에 대한 설명으로 바르지 못한 것은?

① 확장적 통화정책은 통화량 증가와 금리 인하로 채권수익률 하락요인이다.

② 긴축적 재정정책은 기업실적 악화, 경기위축으로 채권수익률 하락요인이다.

③ 채권발행이 감소하면 수급이 악화되면서 채권수익률은 상승한다.

④ 다른 조건이 일정할 때 잔존기간이 길수록 채권수익률은 상승한다.

▌풀이와 답   ③

채권발행이 감소하면 공급이 감소한 것이므로 수급이 호전되면서 채권가격은 상승하고, 채권수익률은 하락한다.

09. 당신은 이자율 하락을 예상한다. 다음 중 가장 큰 자본소득을 제공할 채권은?

① 저액면이자, 긴 만기   ② 고액면이자, 짧은 만기

③ 고액면이자, 긴 만기   ④ 무액면이자, 긴 만기

▌풀이와 답   ①

쿠폰이자율이 낮고, 만기가 길수록 듀레이션이 가장 길 것이므로, 이자율 변화에 따른 가장 큰 가격변화가 예상될 수 있다.

10. 시장이자율이 상승할 것으로 예상될 때, 다음 어느 채권의 가격하락률이 가장 클 것으로 예상되는가?

① 액면이자율이 5%인 10년 만기 채권

② 액면이자율이 10%인 7년 만기 채권

③ 액면이자율이 10%인 10년 만기 채권

④ 10년 만기 순수할인채권

▌풀이와 답   ④

순수할인채의 경우가 이자변화에 대한 가격변동률이 가장 크다.

11. 다음 중 전환사채에 대한 설명으로 틀린 것은?

① 전환사채는 일정기간 내에 보유자의 청구에 의하여 발행회사의 주식으로 전환될 수 있는 권리가 부여된 사채이다.

② 주식과 사채의 중간형태를 취하는 유가증권이다.

③ 발행금리가 일반 사채보다 높다.

④ 전환사채는 법률상으로 확정이자채권임과 동시에 경제적으로 잠재적 주식이라는 성격을 가지고 있다.

▌**풀이와 답** ③

전환사채는 주식으로 전환할 수 있는 권리가 있어 투자자에게 고정이자소득 이외의 수익기회를 주므로, 일반 사채보다 발행금리가 낮게 발행된다. 자금조달비용이 경감되고, 주식전환 시 자기자본화되므로 재무구조 개선효과를 지닌다.

12. 다음 중 전환사채 설명 중 틀린 것은?

① 전환사채의 경우 최근 M&A 시에 경영권 방어와 관련하여 이용되기도 하며, 안정성과 가치상승 속도를 가지고 있다.

② 전환이전까지 지급되는 사채이자는 손비 인정된다.

③ 전환권 행사 시 타인자본이 자기자본화되므로 재무구조 개선효과가 있다.

④ 전환권이라는 일종의 프리미엄 때문에 표면금리를 낮출 수 있지만, 시가유상증자보다 배당부담이 상대적으로 큰 결점이 있다.

▌**풀이와 답** ④

전환사채는 채권으로 남아있을 수 있으며, 주식으로 전환될 수도 있다. 따라서 전액 주식인 시가유상증자의 배당부담이 전환사채보다 크다.

13. 신주인수권부사채(BW)에 대한 설명 중 맞는 것은?

① BW는 신주인수권을 행사한 이후에도 사채는 존속한다.

② BW는 주식의 성격이 강하다.

③ 발행이율은 전환사채보다 낮다.

④ 권리의 이전은 사채와 함께 이전만 가능하다.

▌**풀이와 답** ①

신주인수권부사채는 신주인수권을 행사한 이후에도 사채권이 존속하므로, 채권의 성격이 강하며, 발행이율이 아주 낮은 전환사채와 발행이율이 높은 편인 보통사채의 중간 정도 수준이다. 따라서 발행이율은 전환사채보다 낮다. 또한 권리의 이전은 분리형일 때 사채와 별도로 인수권만 유통이 가능하다는 특징이 있다.

14. 다음 중 수의상환조건이 있는 채권에 대한 설명으로 옳은 것은?

① 원금과 프리미엄의 빠른 수령으로 인해 더 높은 수익이 발생하기 때문에 매력적이다.

② 이자율이 높을 때 이자지급액의 절약이 더 크기 때문에 조기상환될 가능성이 크다.

③ 대개 수의상환조항이 없는 채권보다 수익률이 높다.

④ 위의 어느 경우도 아님.

▌**풀이와 답** ③
수의상환채가 수의상환 옵션이 없는 채권보다 상대적으로 수익률이 높다.

15. 채권에 대한 다음 설명 중 적절하지 않은 것은?

① 교환사채는 비상장기업도 발행할 수 있다.

② 옵션부 사채란 사채발행 시 향후 일정한 조건이 충족되면 만기일 전이라도 사채의 원리금을 상환할 수 있다는 단서조항이 첨부된 사채를 말한다.

③ 전환사채의 전환청구 시 사채권은 소멸한다.

④ 신주인수권부 사채는 신주인수권을 행사해도 사채는 소멸하지 않는다.

▌**풀이와 답** ①
교환사채를 발행할 수 있는 법인은 상장회사로, 발행이율, 이자지급조건, 상환기한 및 전환기간 등은 자율화되어 있다. 교환사채는 사채 자체가 상장회사의 소유주식으로 교환되는 것으로 교환시 발행사의 자산과 부채가 동시에 감소하게 되는 특징이 있다.

16. 다음 중 어느 경우에 채권이 할인되어 거래되는가?

① 액면이자율이 경상수익률보다 높고, 경상수익률이 만기수익률보다 높을 때

② 액면이자율, 경상수익률, 그리고 만기수익률이 모두 같을 때

③ 액면이자율이 경상수익률보다 낮고, 경상수익률은 만기수익률보다 낮을 때

④ 액면이자율이 경상수익률보다 낮고, 경상수익률은 만기수익률보다 높을 때

▎풀이와 답   ③

액면이자율이 만기수익률보다 낮을 때 채권의 가격은 할인되어 거래된다.

17. 5년 만기 10% 이표채의 만기수익률은 현재 8%이다. 만약 이자율이 일정하게 유지된다면 1년 후 이 채권의 가격은?

① 높아진다.   ② 낮아진다.
③ 같다.   ④ 액면가와 같다.

▎풀이와 답   ②

액면이자율이 만기수익률보다 높으므로 할증채의 특성을 가지고, 만기에 가까워질수록 채권의 가격은 액면가까지 낮아진다.

18. 현재의 시장이자율이 10%라고 할 때 다음 설명 중 가장 옳지 않은 것은?

① 표면이자율이 12%이고 잔존만기가 3년인 채권은 시장이자율이 10%로 유지된 상태에서 1년이 경과하고 나면 채권가격이 현재의 가격보다 상승한다.

② 표면이자율이 10%이고 잔존만기가 3년인 채권은 시장이자율이 10%로 유지된 상태에서 1년이 경과해도 채권가격이 현재의 가격과 같다.

③ 액면가와 표면이자율이 동일하고 만기만 각각 2년과 4년으로 다른 두 채권이 있다면, 시장이자율이 9%로 하락할 경우 만기가 4년인 채권의 가격이 만기가 2년인 채권의 가격보다 더 큰 폭으로 상승한다.

④ 액면가와 만기가 같고 표면이자율만 각각 8%와 12%로 다른 두 채권이 있다면, 시장이자율이 12%로 상승할 경우 표면이자율이 8%인 채권의 가격하락률이 더 크게 나타난다.

▎풀이와 답   ①

표면이자율이 시장이자율보다 높으면 할증채로 만기에 가까워질수록 채권가격은 액면가까지 하락한다.

19. 채권에 관련된 조건들이 일정하게 주어졌다면 다음 중 옳은 것은?

① 만기가 길어질수록 동일한 수익률 변동에 의한 채권 가격변동폭은 감소한다.

② 채권가격의 변동폭은 잔존기간이 길수록 변동률이 체증하면서 증가한다.

③ 수익률 하락 시 가격상승폭은 동일한 크기의 수익률 상승 시 가격하락폭보다 작다.

④ 표면이율이 낮은 이표채가 동일한 수익률 변동에 대한 가격변동률이 크다.

▌풀이와 답 ④
채권가격의 변동폭은 만기가 길수록, 표면이율이 낮을수록 체감하면서 증가한다.

20. 어떤 조건의 집합일 때 채권의 가격변동성이 가장 커지는가?

① 높은 액면이자와 짧은 만기　　② 높은 액면이자와 긴 만기

③ 낮은 액면이자와 짧은 만기　　④ 낮은 액면이자와 긴 만기

▌풀이와 답 ④
채권가격의 변동폭은 만기가 길수록, 표면이율이 낮을수록 체감하면서 증가한다.

21. 채권가격의 특성에 관한 다음 설명 중 옳지 않은 것은?

① 채권가격은 채권수익률과 반대방향으로 움직인다.

② 잔존기간이 길수록 일정한 수익률 변동에 대해 가격변동폭이 커진다.

③ 수익률에 따른 채권가격 변동은 잔존기간이 길수록 증가하나 변동률은 체감한다.

④ 표면이자율이 낮을수록 수익률변동에 대한 채권가격변동률이 작아진다.

▌풀이와 답 ④
표면이자율이 낮을수록 듀레이션이 길어지므로, 수익률변동에 대한 채권가격변동률은 커지게 된다. 즉, 잔존기간이 길수록, 표면이자율이 낮을수록, 시장수익률이 낮을수록 채권가격의 변동률은 증가한다.

22. 이자율과 채권가격에 관한 설명으로 가장 적절하지 않은 것은?

① 이자율이 상승하면 채권가격은 하락한다.

② 만기가 길어질수록 동일한 이자율변동에 대한 채권가격 변동폭이 커진다.

③ 이자율 상승 시 채권가격 하락보다 동일 이자율 하락 시 채권가격 상승이 더 크다.

④ 액면이자율이 높을수록 동일한 이자율 변동에 대한 채권가격 변동률이 더 크다.

풀이와 답 ⑤

채권가격의 변동폭은 만기가 길수록, 표면이율이 낮을수록 체감하면서 증가한다.

23. 채권수익률에 대한 설명으로 거리가 먼 것은?

① 미래 투자수익의 현재가치와 채권의 가격을 일치시켜 주는 할인율이다.

② 경상수익률은 상환이나 매매차익의 고려 없이 매년 얻는 이자만 계산한다.

③ 수의상환수익률은 발행자와 조기상환 옵션인 콜옵션 행사 수익률이다.

④ 실효수익률은 재투자수익률과 매입 시 수익률이 같다고 가정한다.

풀이와 답 ④

실효수익률은 채권의 재투자와 채권매도가 채권매입시 수익률과 다른 수익률로 이루어질 수 있다는 가정하에 미래의 예상수익률을 반영한 총수익에 대한 매입가격의 비율을 계산한 수익률이다.

24. 만기수익률에 대한 설명으로 거리가 먼 것은?

① 일반적으로 채권의 수익률이라고 하면 만기수익률을 의미하는 것이다.

② 모든 현금흐름의 현재가치의 합과 채권가격을 일치시키는 할인율이다.

③ 채권의 발행 시 만기수익률이 결정되며, 만기 시까지 변경되지 않는다.

④ 표면이자수입은 물론 재투자수익이나 가격손익을 포함하여 산출한다.

풀이와 답 ③

만기수익률은 만기 전까지의 모든 현금흐름이 최초 투자 시의 만기수익률로 재투자되는 것을 전제로 정의되며, 만기 전에 재투자수익률이 달라지면 만기수익률도 달라진다.

25. 실효수익률에 대한 설명으로 거리가 먼 것은?

① 채권매입 시 수익률과 다른 수익률로 재투자와 매도될 수 있음을 가정한다.

② 채권투자의 총현금수입의 미래가치의 연복리증가율의 개념이다.

③ 이표채의 경우 만기까지 보유 시 만기수익률과 실효수익률은 항상 일치한다.

④ 재투자수익률보다 만기수익률이 큰 경우 실효수익률보다 만기수익률이 더 크다.

▌풀이와 답   ③

채권에서 발생하는 이자의 재투자를 감안한 수익률이므로, 이표채의 실효수익률은 만기수익률과 일치하지 않으며, 만기 시에만 현금흐름이 있는 복리채나 할인채의 경우 만기까지 보유 시 실효수익률과 만기수익률이 일치한다.

26. 다음 중 분산투자를 통해서도 위험회피가 불가능한 체계적 위험은?

① 이자율변동위험   ② 채무불이행위험

③ 중도상환위험   ④ 유동성위험

▌풀이와 답   ①

이자율위험은 체계적 위험에 속한다.

3) 주관식 문제

01. 액면가 10,000원, 표면금리가 8%인 채권이 9,200원으로 거래될 때, 이 채권의 경상수익률은 얼마인가?

▌풀이와 답   8.7%

$800/9,200 = 8.7\%$

02. 액면가 10,000원인 6개월 후급 이표채의 만기수익률이 8%일 때, 이 채권의 실효 연수익률은 얼마인가?

▌풀이와 답　8.16%

$(1+0.04)^2 - 1 = 0.0816, \quad 8.16\%$

03. 만기가 3년, 원금이 10,000원인 무이표채권의 가격이 8,500원이다. 1년에 이자를 2회 지급한다고 가정할 때, 이 채권의 만기수익률은 얼마인가?

▌풀이와 답　5.492%

$8,500 = 10,000/(1+r)^6, \quad r = 2.746\%$이므로, 연단위 만기수익률은 5.492%

04. 만기는 5년 후이며, 액면가는 100만원인 순수할인채의 현재가치는 얼마인가? (단, 이 채권의 만기수익률은 10%이다)

▌풀이와 답　62.09만원

$100만원/(1+0.1)^5 = 62.09만원$

05. A기업은 액면가 10,000원, 만기 2년, 쿠폰이자율 10%인 사채를 발행하였다. 만기수익률이 8%일 때 이 채권의 가격은 얼마인가?

▌풀이와 답　10,423.8원

$P = (10,000 \times 0.1)/0.08 \times (1 - 1/(1+0.08)^2 = 10,423.8원$

06. 당신이 다음 세 가지 채권 중에서 하나를 선택하여 1년 동안만 투자하려 한다. 이 세 가지 채권은 모두 동일한 채무불이행위험, 10년의 잔존만기 및 10만원의 액면가치를 갖고 있다. 첫 번째 채권은 무이표채권이고, 두 번째 채권은 이표이율이 3%인 채권이며, 세 번째 채권은 이표이율이 8%인 채권이다. 현재 세 채권의 만기수익률은 모두 8%로 알려져 있다.

(1) 현재의 시장이자율이 그대로 유지될 것으로 예상될 경우, 1년 후 세 가지 채권의 가격은 얼마가 될 것인가? 이 세 가지 채권에 투자하여 당신이 얻은 1년 동안

의 투자수익률은 얼마가 될 것인가? 만일 이표이자에 대해서만 20%의 이자소득세가 부과된다면, 세 가지의 채권에 1년 동안 투자하여 얻는 수익률은 어느 정도가 될 것인가?

(2) 만일 모든 채권의 이자율이 1년 이내 2% 하락한다면, (1)의 답을 다시 구해보시오.

▌풀이와 답 　풀이 참조

(1)
・1년 후 채권가격: 무이표채: 50,025원, 3%이표채: 68,766원,
　　　　　　　　　8%이표채: 100,000원
・1년간의 투자수익률(이자소득세가 없을 때): 모두 8%
・1년간의 투자수익률(이자소득세율＝20%): 무이표채: 8%,
　　　　　　　　　3%이표채: 7.1%, 8%이표채: 6.4%

(2)
・1년 후 채권가격: 무이표채: 59,190원, 3%이표채: 79,595원,
　　　　　　　　　8%이표채: 113,603원
・1년간의 투자수익률(이자소득세가 없을 때): 무이표채: 27.79%,
　　　　　　　　　3%이표채: 24.30%, 8%이표채: 21.60%
・1년간의 투자수익률(이자소득세율＝20%): 무이표채: 27.79%,
　　　　　　　　　3%이표채: 23.39%, 8%이표채: 20.00%

07. A기업은 거의 동일한 위험수준을 갖고 있는 다음과 같은 세 가지 종류의 채권을 발행하고 있다. 이 자료를 가지고 물음에 답하시오.

채권	액면가	만기	이표이율	시장가격
1호	100,000원	5년	7%	73,195원
2호	100,000원	10년	10%	64,058원
3호	100,000원	15년	4%	37,093원

(1) 각 채권의 만기수익률을 계산하시오.

(2) 시장이자율이 하락한다면 어떤 채권의 가격이 가장 크게 상승할 것인지 계산하지 않고 판단하여 보시오.

(3) 만기수익률이 2% 하락한다면 2호와 3호 채권 중 어느 것이 더 크게 상승할 것인가?

풀이와 답   풀이 참조

(1) 1호채권: 15%, 2호채권: 18%, 3호채권: 18%

(2) 만기가 길수록, 이표이율이 낮을수록 가격변동이 크므로, 3호채권이 가장 큰 가격상승률을 보일 것이다.

(3) 2호채권: 새로운 채권가격은 71,000원이므로 10.84% 상승
3호채권: 새로운 채권가격은 42,001원이므로 13.23% 상승

08. 시장이자율이 반년에 4%에 불과할 때, 반년마다 연 10%의 액면이자를 지급하는 채권에 대해 생각해보자. 이 채권은 만기일까지 3년이 남았다. 액면가는 1,000이다.

(1) 채권의 오늘 가격과 다음번 이자가 지급되는 지금으로부터 6개월 후의 채권가격은?
(2) 6개월간 이 채권의 보유기간 수익률은 얼마인가?

풀이와 답   (1) $1044.52   (2) 4%

(1) $P_0 = \$1,052.42$, $P_{6mon} = \$1044.52$

(2) $HPR = (50 + (1044.52 - 1052.42))/1052.42 = 0.04$, 즉 6개월 동안 4%의 보유기간수익률

09. 투자기간은 1년이고, 다음 세 채권 모두 채무불이행 위험의 정도는 같으며, 만기는 10년이다. 첫 번째 채권은 만기에 $1,000를 지급하는 무이표채이다. 두 번째 채권은 8%의 액면이자를 가지며 매년 $80의 액면이자를 지급한다. 세 번째 채권은 10%의 액면이자를 가지며 매년 $100의 액면이자를 지급한다. 내년까지 만기수익률은 8%가 될 것이라고 기대된다면 각 채권의 가격은 얼마인가? 1년의 보유기간 동안 각 채권의 투자수익률은 얼마인가?

풀이와 답   풀이 참조

	순수할인채	8%이표채	10%이표채
P_0	$463.19	$1,000	$1,134.20
P_1	$500.25	$1,000	$1,124.94
ΔP	$37.06	$0.00	$9.26
쿠폰	$0.00	$80.00	$100.00
이익	$37.06	$80.00	$90.74
수익률	8.00	8.00	8.00

2. 채권의 위험관리

1) 개념정리 문제

서술형

1. 채권가격의 변동 요인에 대해 설명하시오.

2. 채권 이자율위험 요인에 대해 설명하시오.

3. 채권 듀레이션^{duration}의 개념과 그 특성에 대해 설명하시오.

4. 채권의 듀레이션과 수정듀레이션의 각 활용도에 대해 설명하시오.

5. 채권의 수익률, 잔존만기, 표면이자율 등이 듀레이션에 미치는 영향에 대해 설명하시오.

6. 순수할인채에 투자하면 이자율위험을 피할 수 있다는 근거에 대해 설명하시오.

7. 채권가격의 볼록성^{convexity}에 대해 설명하시오.

8. 채권투자의 면역전략$^{immunization\ strategy}$에 대해 설명하시오.

9. 채권의 볼록성을 고려할 때의 채권투자의 면역전략에 대해 설명하시오.

10. 채권의 소극적 투자전략 중 만기보유전략, 사다리형 만기전략, 바벨형 만기전략, 채권면역전략, 현금흐름 일치전략, 인덱스펀드 전략 등에 대해 설명하시오.

11. 채권의 적극적 투자전략 중 롤링효과와 숄더효과에 대해 설명하시오.

단답형

※ 다음이 맞는 내용이면 (○), 옳지 않은 내용이면 (×)로 표시하시오.

1. 채권의 잔존기간이 길어짐으로써 증가하는 가격변동률은 체증한다. (   )

2. 동일한 크기의 수익률 변동이 발생하면 채권의 가격변동률은 수익률이 하락할 때와 상승할 때가 동일하다. (   )

3. 이표채는 표면이율이 낮을수록 동일한 크기의 수익률 변동에 대한 가격변동률이 커진다. (   )

4. 채권의 듀레이션은 만기가 길수록 크고 채권의 이자율이 낮을수록 크다. (   )

5. 모든 채권의 듀레이션은 항상 만기보다 작다. (   )

6. 채권의 볼록성은 만기와 선형적으로 비례한다. (   )

7. 회사채의 만기가 길어질수록 듀레이션은 체증적으로 증가한다. (   )

8. 채권의 듀레이션은 금리가 많이 변할수록 채권 위험을 더욱 정확히 반영한다.
(   )

9. 채권의 듀레이션은 이자율 변동이 작을 때에만 유용하다. (   )

10. 채권의 듀레이션은 수익률곡선에 대해 우상향의 수익률곡선을 가정한다. (   )

11. 채권의 만기가 길어질수록 일정폭의 채권수익률 변동에 대한 채권가격의 변동폭은
커진다. (   )

12. 채권수익률 변동에 의한 채권가격 변동폭은 만기가 길어질수록 증가하나, 그
증감률은 체증한다. (   )

13. 만기가 일정할 때 채권수익률 하락으로 인한 가격상승폭은 같은 폭의 채권수익률
상승으로 인한 가격하락폭보다 작다. (   )

14. 영구채는 만기가 무한대이므로 듀레이션도 무한대이다. (   )

15. 수의상환권이 있는 채권의 듀레이션은 다른 조건은 동일하고 수의상환권이 없는
일반채권의 듀레이션보다 작다. (   )

16. 소극적 투자전략은 위험이 수반되는 투자수익보다는 투자자산의 유동성이나 안정
성 측면에 상대적으로 높은 비중을 두는 경향이 있다. (   )

17. 적극적 투자전략은 향후의 수익률, 수익률의 변동성이나 혹은 수익률 간의 스프
레드 등과 같이 채권가격에 영향을 미치는 요인들을 예측하고, 이러한 예측을
근거로 채권운용을 하는 방법이다. (   )

18. 수익률곡선의 하향이동이 예상된다면 듀레이션이 큰 채권을 매입한다. (   )

19. 현금흐름일치전략은 현금흐름이 단순할수록 효과적인 포트폴리오를 구성할 수
있고, 구성된 포트폴리오는 이를 변경시킬 필요가 없다는 장점이 있다. (   )

20. 면역전략의 기본적인 특성은 수익률 상승에 따른 채권가격 상승분과 표면이자에
대한 재투자수익 감소분을 상호 상쇄시키는 전략이다. (   )

21. 만기가 없는 영구채 A의 쿠폰이자율은 4%, 영구채 B의 쿠폰이자율은 8%이다.

두 채권의 만기수익률이 동일할 때 이 채권들의 듀레이션은 쿠폰이자율 크기에 따라 다르게 결정된다. (　)

22. 자산유동화증권(ABS)은 신용보강이 가능하기 때문에, ABS의 신용등급은 자산 보유자의 신용등급보다 더 높게 형성되는 경향이 있다. (　)

❚ 풀이와 답

1. (○)
2. (×), 채권의 볼록성 때문에 동일한 크기의 수익률 변동에 따라 채권 가격변동률은 달라진다.
3. (○)
4. (○)
5. (×), 무이표채의 듀레이션은 만기와 같다.
6. (×), 채권의 볼록성은 만기와 비선형적으로 비례한다.
7. (×), 채권의 만기가 길어질수록 듀레이션은 체감적으로 증가한다.
8. (×), 이자율 변화가 클수록 채권의 듀레이션을 활용한 채권 위험관리는 어려워진다.
9. (○)
10. (×), 듀레이션을 구하는 과정에서 매기의 현금흐름에 대한 현가를 구할 때 동일한 할인율을 적용한다는 것은 수평의 수익률곡선을 가정하고 있는 것이다.
11. (○)
12. (×), 채권가격 변동폭은 만기가 길어질수록 증감률은 체감한다.
13. (×), 채권수익률 하락에 따른 가격 상승폭은 같은 폭의 채권수익률 상승에 따른 가격 하락폭보다 크다.
14. (×), 영구채의 듀레이션은 유한하다.
15. (○), 수의상환권이 있는 채권은 일반채권에 비해 이자율변동(하락)에 덜 민감하게 반응하기 때문에 일반채권보다 듀레이션이 작다.
16. (○)
17. (○)
18. (○)
19. (○)
20. (×), 면역전략은 수익률 상승에 따른 채권가격 하락분과 표면이자에 대한 재투자수익 증가분을 상호 상쇄시키는 전략이다.
21. (×), 듀레이션은 이자율뿐 아니라 수익률에도 영향을 미친다. 그러므로 두 채권의 듀레이션은 동일하다.
22. (○)

※ 다음 ( )에 적당한 단어를 써 넣거나 고르시오.

23. (   )전략은 투자기간과 채권 포트폴리오의 듀레이션을 일치시켜 수익률 변동위험을 제거하려는 전략이다.

24. 이자율 하락을 예상하는 투자자는 (높은, 낮은) 액면이자와 만기까지의 기간이 (짧은, 긴) 채권을 매입하려 할 것이다.

25. 딜러의 매입가격과 매도가격 간 스프레드가 클수록 증가하는 위험을 (   ) (이)라고 한다.

26. 채권 만기일 이전에 채권발행자로부터 원금을 미리 돌려받을 가능성이 있는 위험을 (   )(이)라고 한다.

27. 금리의 하락으로 인해 현금을 채권에 재투자할 때 예상보다 낮은 금리로 투자하게 되는 위험을 (   )(이)라고 한다.

28. 발행자가 파산하여 원리금 지급에 차질이 발생할 경우 채권의 보유자가 큰 손실을 보게 될 위험을 (   )(이)라고 한다.

29. 대체적으로 국채의 듀레이션이 증가하면 채권가격의 변동성은 (감소, 증가)하고, 채권수익률의 변동성은 (감소, 증가)한다.

30. 이표채의 경우 다른 조건이 일정할 경우 표면이율이 (낮을수록, 높을수록), 시장수익률이 (낮을수록, 높을수록) 채권의 듀레이션은 커진다.

31. 듀레이션에 의해 측정된 이자율 변동에 따른 채권가격의 변동은 실제 변동과 다를 수 있으며, 이자율변동이 클수록 오차가 커지게 된다. 이는 이자율과 채권가격 간의 관계가 원점에 대한 볼록한 형태를 갖기 때문인데, 이를 채권의 (   ) (이)라고 한다.

32. 다른 조건이 일정할 경우 수익률의 수준이 (낮을수록, 높을수록), 잔존기간이 (짧을수록, 길수록) 채권의 볼록성은 커진다.

33. (   )(이)란 기업이나 금융기관이 보유하고 있는 자산을 표준화하고 특정 조건별로 집합하여 이를 바탕으로 증권을 발행하고, 기초자산의 현금흐름을 이용하여 증권을 상환하는 것을 의미한다.

34. 채권의 소극적 투자전략에서 (   )은/는 채권별 보유량을 각 잔존기간마다 동일하게 유지함으로써 시세변동의 위험을 평준화시키고 수익성도 적정수준을 확보하려는 전략이다.

35. 채권의 소극적 투자전략에서 (   )은/는 채권시장 전체의 흐름을 그대로
    따르는 포트폴리오를 구성하여 채권시장 전체의 수익률을 달성하려는 전략으로서
    운용시는 트래킹에러 발생방지에 관심을 가져야 하는 채권투자방법이다.

36. 채권의 소극적 투자전략에서 (   )은/는 단기채권과 장기채권만 보유하고
    중기채권은 보유하지 않는 전략으로 투자자의 유동성 확보 정도에 따라서 단기
    채의 편입비율이 결정된다.

▎풀이와 답

  23. 면역
  24. 낮은, 긴
  25. 유동성위험
  26. 조기상환위험
  27. 재투자율위험
  28. 신용위험
  29. 증가, 감소
  30. 낮을수록, 낮을수록
  31. 볼록성
  32. 낮을수록, 길수록
  33. 자산유동화증권, *ABS*
  34. 사다리형 만기전략
  35. 인덱스펀드 전략
  36. 바벨형 만기 전략

2) 객관식 문제

01. 채권가격 정리에 관한 내용 중 틀린 것은?
  ① 채권가격은 채권수익률과 역의 방향으로 움직인다.
  ② 채권수익률이 변동할 때 그 변동으로 인한 채권가격 변동은 만기가 길어
     질수록 커진다.
  ③ 만기가 일정할 때 수익률의 하락으로 인한 가격상승폭이 같은 폭의 수익
     률상승으로 인한 가격하락폭보다 작다.

④ 채권수익률 변동으로 인한 채권가격 변동률은 표면이자율이 높을수록 작아진다.

▌풀이와 답   ③

수익률이 하락하면서 가격이 상승하는 폭이 수익률 상승으로 인하여 가격이 하락하는 폭보다 더 크다.

02. 채권가격에 대한 설명 중 맞는 것은?

① 액면이율이 높은 채권일수록 일정한 수익률 변동에 따른 가격변동폭은 작다.

② 단기변화에 따른 가격변동폭은 수익률이 작은 채권일수록 더 작다.

③ 장기채권일수록 일정한 수익률 변동에 대한 가격변동폭이 작다.

④ 채권가격은 만기수익률에 비례한다.

▌풀이와 답   ①

액면이율이 높을수록 듀레이션이 작고, 듀레이션이 짧을수록 수익률 변동에 따른 가격변동이 작다. 수익률이 하락하면서 가격이 상승하는 폭이 수익률 상승으로 인한 가격하락폭보다 더 크다. 장기채권일수록 가격변동폭이 크고, 채권가격은 만기수익률에 반비례한다.

03. 채권가격 정리에 관한 내용 중 잘못된 것은?

① 장기채권의 가격변동폭은 단기채권의 가격변동폭보다 크다.

② 액면이자율이 줄어들면 수익률 변동에 따라 가격변동폭이 커진다.

③ 표면이자율이 높은 채권이 일정한 이자율 변동에 따른 채권가격 변동폭이 높다.

④ 이자율변동에 따른 채권가격 변동폭은 커지지만 그 증감률은 체감한다.

▌풀이와 답   ③

표면이자율이 낮은 채권이 표면이자율이 높은 채권에 비해 듀레이션이 높으므로, 이자율변동에 따른 채권가격 변동폭이 크게 된다.

04. 채권투자의 위험을 설명한 것으로 가장 거리가 먼 것은?

① 인플레이션 위험은 만기까지의 수익률이 확정된 채권의 경우, 물가수준이 하락할 때 채권으로 얻어지는 이자수입의 실질가치도 낮아지는 위험이다.

② 가격변동위험은 채권투자 후 만기수익률이 투자 시의 예측과 다르게 나타나는 경우에 발생하는 위험이다.

③ 유동성위험은 유통시장에서 거래량이 많지 않고, 거래가격이 불연속적으로 형성되는 경우에 발생하는 위험이다.

④ 채무불이행위험은 채권발행자가 약속된 이자와 원금을 상환하지 않는 위험이다.

▌ 풀이와 답   ①
인플레이션위험은 물가수준이 상승할 때 발생한다.

05. 다음 중 듀레이션에 관한 설명 중 옳지 못한 것은?

① 이표채의 듀레이션은 채권의 잔존기간보다 작다.

② 이표채의 시장 만기수익률이 높을수록 듀레이션은 작아진다.

③ 이표채의 표면이자율이 높을수록 듀레이션은 작아진다.

④ 만기 시 일시상환채권의 듀레이션은 이 채권의 잔존기간보다 작다.

▌ 풀이와 답   ④
만기에 일시상환하는 채권의 경우 만기 전에 현금흐름이 발생하지 않는 무이표채권이기 때문에 채권의 듀레이션과 잔존만기는 항상 동일하다.

06. 듀레이션에 대한 다음 설명 중 잘못된 것은?

① 이표채의 듀레이션은 만기보다 작다.

② 시장이자율이 5%일 경우 5년 만기 순수할인채의 듀레이션은 5년이다.

③ 시장이자율이 5%일 경우 영구채의 듀레이션은 21년이다.

④ 다른 조건이 동일하다면 액면이자율이 낮을수록 듀레이션이 감소한다.

❚ 풀이와 답　④

다른 조건이 동일하다면 액면이자율이 낮을수록 듀레이션은 증가한다.

07. 듀레이션에 관한 설명으로 가장 적절하지 않은 것은?

① 무이표채의 경우 만기가 길어지면 듀레이션은 증가한다.

② 액면이자율이 높아지면 듀레이션은 증가한다.

③ 만기수익률이 높아지면 듀레이션은 감소한다.

④ 시간이 경과함에 따라 듀레이션은 감소한다.

❚ 풀이와 답　②

액면이자율이 높아지면 듀레이션은 감소한다.

08. 채권 A는 가격 변동성이 21%이고, 수익률 변동성이 11%이다. 채권 B는 가격 변동성이 1.4%이고, 수익률 변동성이 12%이다. 이 때, 이 채권들의 듀레이션에 관한 설명 중 옳은 것은?

① 채권 A와 채권 B의 듀레이션은 비슷하다.

② 채권 A의 듀레이션이 더 길다.

③ 채권 A의 듀레이션이 더 짧다.

④ 듀레이션은 가격 및 수익률 변동성과 무관하다.

❚ 풀이와 답　②

채권가격변동률＝(−수정듀레이션)×(이자율변화)이므로, 듀레이션과 채권가격의 변동성은 비례한다. 따라서 A채권의 가격변동성이 B채권의 가격변동성보다 훨씬 크므로, A의 듀레이션이 더 길다고 할 수 있다.

09. 채권에 관한 다음 설명 중 가장 적절하지 않은 것은?

① 다른 모든 조건이 동일할 때, 만기수익률이 높은 채권일수록 금리의 변화에 덜 민감하게 반응한다.

② 무이표채의 매컬리 듀레이션은 채권의 잔존만기와 같다.

③ 다른 모든 조건이 동일할 때, 잔존만기가 길수록 할인채권과 액면가채

권의 매컬리 듀레이션은 증가한다.

④ 다른 모든 조건이 동일할 때, 수의상환조항이 있는 채권의 경우 조항이 없는 일반채권에 비해 매컬리 듀레이션이 작다.

▌풀이와 답 ③

잔존만기가 길수록 할인채권과 액면가채권의 매컬리 듀레이션은 감소한다.

10. 볼록성에 대한 설명 중 적절하지 않은 것은?

① 수익률이 높을수록 채권의 볼록성은 커진다.

② 채권의 볼록성은 듀레이션이 증가함에 따라 가속도로 증가한다.

③ 수익률과 만기가 일정할 때, 표면금리가 낮을수록 볼록성은 커진다.

④ 동일한 듀레이션에서 볼록성이 큰 채권은 볼록성이 작은 채권보다 수익률의 상승이나 하락에 관계없이 항상 높은 가격을 가진다.

▌풀이와 답 ①

수익률이 높을수록 볼록성은 작아진다.

11. 채권의 볼록성에 대한 설명으로 바르지 못한 것은?

① 볼록성은 듀레이션으로 분석한 직선과 실제 곡선과의 차이이다.

② 수익률 하락 시 듀레이션의 추정 값보다 실제 가격상승은 더 크다.

③ 이표채의 볼록성은 양(+)의 값, 할인채와 복리채의 볼록성은 음(−)의 값을 가진다.

④ 볼록성이 큰 채권은 수요가 증가해 가격은 상승하고 수익률은 하락한다.

▌풀이와 답 ③

볼록성은 채권의 종류와 상관없이 항상 양(+)의 값을 가지며, 수익률 하락시 듀레이션 추정값보다 가격상승은 더 크고, 수익률 상승시 실제 가격하락이 더 작다.

12. 볼록성에 관한 설명으로 가장 거리가 먼 것은?

① 채권가격 – 수익률곡선의 기울기의 변화를 의미한다.

② 듀레이션으로 측정한 채권가격 변동폭은 항상 볼록성만큼 과소평가된다.

③ 잔존기간이 길수록 볼록성은 커진다.

④ 표면이율과 만기수익률이 낮을수록 볼록성은 커진다.

┃풀이와 답   ②

듀레이션으로 측정한 채권가격변동은 상승폭은 과소평가, 하락폭은 과대평가된다.

13. 채권투자전략에 관한 다음 설명 중 옳은 것은?

① 수익률 상승이 예상되면 장기채 비중을 늘린다.

② 수익률 상승이 예상되면 표면이율이 낮은 채권이 유리하다.

③ 수익률 하락이 예상되면 듀레이션을 늘린다.

④ 수익률 하락이 예상되면 이자지급회수가 많은 채권비중을 늘린다.

┃풀이와 답   ③

수익률 상승시 장기채의 수익률은 상승하고 가격은 하락하므로 비중을 줄이고, 표면이율이 낮을수록 만기가 길어지는 장기채이므로 수익률 상승시 불리하며, 이자지급횟수가 많을수록 만기가 짧아지는 단기채이므로 수익률 하락시 비중을 줄이며, 수익률 하락시 장기채의 수익률은 하락하고 가격은 상승하므로 장기채의 비중을 늘리고 단기채의 비중을 줄인다.

14. 갑작스러운 시장상황의 변화로 보유하고 있는 채권 A와 B에 동일한 신용위험이 발생하였다. 채권 A는 액면가, 만기 20년의 6%의 수익률을 가지고 있고, 채권 B는 만기 20년, 액면이자 6.5%, 수익률 6%이다. 만약 갑작스러운 이자율 하락이 발생하면 포트폴리오에 더 큰 위험을 가져다 줄 채권은 어느 것인가?

① A채권

② B채권

③ A, B채권이 시장위험측면에서 동일하다.

④ 어느 채권도 위험변화가 없다.

풀이와 답 ①
채권 B가 높은 이자율을 가지고 있기 때문에 채권 A보다 듀레이션이 약간 짧다. 그러므로 주어진 이자율 변화에 따른 채권 A의 영향이 비교적 작을 것이다.

15. 채권면역전략에 대한 설명으로 바르지 못한 것은?
① 채권면역전략은 이자율변동위험이라는 시장위험을 회피하고자 하는 투자전략이다.
② 투자기간과 듀레이션을 일치시켜 면역상태를 만든 것이다.
③ 듀레이션이 투자기간보다 짧을 경우 재투자수익효과가 가격효과보다 크다.
④ 이자율 변화에 따른 포트폴리오의 재조정은 필요 없다.

풀이와 답 ④
채권면역전략은 이자율 변화에 따라 지속적인 포트폴리오의 재조정이 필요하다.

16. 향후 수익률곡선의 수평적 상승 이동을 확신할 경우, 투자수익을 극대화하기 위한 적극적 채권운용방법으로 가장 거리가 먼 것은?
① 현금 보유비중을 늘린다.
② 단기채의 보유비중을 늘린다.
③ 표면이율이 낮은 채권의 보유비중을 증대시킨다.
④ 채권포트폴리오의 듀레이션을 감소시킨다.

풀이와 답 ③
수익률상승은 채권가격하락을 의미하므로 표면이율이 높은 채권의 보유비중을 높여 듀레이션을 감소시켜야 한다.

17. 채권투자전략으로 가장 적절한 설명은 무엇인가?
① 시장이자율의 하락이 예상될 때에는 장기채권에 대한 투자를 늘려야 한다.
② 수익률 변동에 따른 채권가격의 등락은 만기에 영향을 받지 않는다.
③ 채권투자시 얻는 모든 이익은 과세되도록 표면금리가 높을수록 유리하다.
④ 경기확장 국면에서 수익률이 상승세로 반전되면 장기채권에 투자하는 것이 유리하다.

▌풀이와 답　①

시장이자율이 하락하면 채권가격이 상승하게 되므로 자본이득을 얻을 수 있다. 따라서 자본이득을 많이 얻으려면 변동폭이 큰 장기채권에 대한 투자를 늘려야 한다. 만기가 길수록 채권가격의 변동폭이 커지므로, 채권가격 등락은 만기와 밀접한 관계에 있다. 표면금리가 높으면 채권가격은 하락하므로 채권투자에는 불리하다. 수익률이 상승세로 반전되면 단기채권 투자비중을 높여야 한다.

18. 채권투자전략에 관한 설명 중 잘못된 것은?

① 면역전략은 가격변동위험과 재투자위험의 상반효과를 중화시켜 면역효과를 갖게 하는 전략이다.

② 수익률곡선타기전략은 만기가 길면서 수익률이 높은 채권을 매입하는 것이다.

③ 듀레이션전략은 투자기간과 듀레이션을 일치시켜 이자율위험을 제거하는 전략인데, 듀레이션이 길수록 가격변동위험이 크다.

④ 만기전략은 이자율상승이 예상되면 가격탄력성이 작은 단기채권으로 이자율 하락이 예상되면 가격탄력성이 큰 장기채권으로 포트폴리오를 구성해야 한다는 것이다.

▌풀이와 답　②

수익률곡선타기전략은 만기가 짧으면서 수익률이 높은 채권을 매입하는 것이다.

19. 수익률 변동에 대한 채권가격의 민감성 측정방법은?

① 채권의 VaR 　　　　② 수정 듀레이션

③ 수익률 스프레드 　　④ 볼록성

▌풀이와 답　②

채권가격에 대한 민감도 측정은 듀레이션이나 수정듀레이션으로 측정을 하고, 듀레이션으로 측정하지 못하는 경우에는 볼록성을 사용한다.

20. 채권투자위험에 관한 설명 중 잘못된 것은?

① 물가수준변동에 따른 투자자의 구매력 변동위험을 구매력 위험이라고 한다.

② 이자율 상승 → 채권가격 하락 → 자본손실은 가격위험이다.

③ 이자율 하락 → 채권가격 상승 → 자본이익은 재투자위험이다.

④ 원금이 최종 만기일 이전에 상환될 가능성으로 인하여 파생되는 위험을 중도상환위험이라고 한다.

풀이와 답 ③

재투자위험은 중간에 지급받은 이자를 재투자하는데 따르는 위험을 말한다. 채권투자위험의 종류에는 이자율 위험, 재투자 위험, 채무불이행 위험, 중도상환 위험, 인플레이션 위험, 환율위험, 시장성 위험 등이 있으며, 채권투자자는 그 중에 하나 또는 그 이상의 위험에 항상 노출되어 있다.

21. 같은 발행자로부터 발행된 100년 만기의 채권이 유사채권 30년 만기 채권의 수익률보다 겨우 몇 베이시스 포인트 높은 경우가 있다. 이 스프레드 차이는 100년 만기채권의 무엇 때문인가?

① 큰 듀레이션   ② 항상 상환할 수 있기 때문에

③ 높은 볼록성   ④ 낮은 변동성

풀이와 답 ③

듀레이션에 의해 예측된 이자율 변동 후의 채권가격은 실제 채권가격과 다를 수 있으며, 이자율 변동이 클수록 오차가 커지게 된다. 이는 이자율과 채권가격 간의 관계가 원점에 대해 볼록한 형태를 가지기 때문인데, 이를 채권의 볼록성이라고 한다. 이자율 변동이 클수록 볼록성을 감안하면 듀레이션에 의해 예측된 채권가격의 오차문제를 해결할 수 있으며, 만기가 길수록 볼록성이 높아지기 때문이다.

22. 상환권이 없는 동일한 채권과 비교할 때, 발행자가 만기 이전에 원금을 갚을 수 있는 권리가 있는 채권이 액면가로 거래되는 고정이율 쿠폰 채권의 성질은 어떠한가?

① 높은 볼록성   ② 낮은 볼록성

③ 높은 듀레이션   ④ 낮은 변동성

│ 풀이와 답   ②

수의상환권이 부여된 채권은 만기 이전이라도 금리가 유리하게 변동될 경우 발행자는 채권을 되살 수 있는 권리를 행사할 수 있다. 금리가 하락할수록 발행자가 콜옵션을 행사할 가능성이 높아질 것이고, 이러한 경우에 볼록성은 감소한다.

23. 수익률 하락이 확실할 때 취할 수 있는 적극적인 투자전략으로서 옳은 것은?
① 표면이자율이 낮은 단기채권을 매입한다.
② 듀레이션이 낮은 채권을 매입한다.
③ 현금 또는 단기채 비중을 줄인다.
④ 채권포트폴리오의 비중을 감소시킨다.

│ 풀이와 답   ③

수익률 하락 예상시, 듀레이션이 상대적으로 길고, 표면금리가 낮은 금리확정부 채권을 매입하면 운용수익률을 높일 수 있다. 또한 채권가격의 변동폭이 큰 장기채를 매수하면 된다. 수익률 상승 예상시, 듀레이션이 짧고, 표면금리가 높은 금리연동부 채권을 매입하면 투자손실을 줄일 수 있다. 또한 채권가격의 변동폭이 작은 단기채를 매입하여 투자손실을 최소화하면 된다.

24. 향후 수익률곡선의 수평적 상승이동이 확실시 될 경우 현재 취할 수 있는 채권 운용 전략이 아닌 것은?
① 보유하고 있는 채권 중 잔존기간이 긴 채권을 매각한다.
② 현금비중을 늘린다.
③ 표면이율이 낮은 장기채권을 매입한다.
④ 채권포트폴리오의 듀레이션을 줄인다.

│ 풀이와 답   ③

수익률이 전반적으로 오른다는 것은 채권수익률이 하락한다는 의미이므로, 변동성을 줄여서 자본위험을 줄이는 전략이 적절하므로 표면이율이 낮은 장기채권을 매각하여야 할 것이다.

25. 투자자가 정한 목표투자기간 말에 이자율 변동에 관계없이 일정한 수익을 보장하게 채권 포트폴리오를 구성하는 전략은?

① 사다리형 만기 전략 　　　② 인덱스 펀드 전략

③ 면역전략 　　　　　　　　④ 바벨형 만기 전략

▌풀이와 답　③

채권면역전략의 정의이다.

26. 서로 다른 두 종목 간의 수익률 격차가 어떤 이유로 해서 일시적으로 확대 또는 축소되었다가 시간이 경과함에 따라 다시 원래의 상태로 돌아오는 채권의 특성을 이용해서 수익률 격차가 확대된 시점을 파악해서 교체매매를 행하므로 투자효율을 높이는 방법은 채권투자의 무슨 전략인가?

① 신용분석 　　　　　　　　② 질적스왑

③ 인덱싱전략 　　　　　　　④ 스프레드 운용

▌풀이와 답　④

채권투자의 스프레드 운용에 관한 내용이다.

27. 단기채권 및 장기채권으로만 포트폴리오를 구성하고 중기채권은 보유하지 않는 채권투자 전략은?

① 사다리형 만기구성전략 　　② 불렛형 만기구성전략

③ 바벨형 만기구성전략 　　　④ 면역전략

▌풀이와 답　③

채권투자의 바벨형 만기구성전략에 관한 내용이다.

28. 채권 투자전략 중 소극적 전략의 특성이 아닌 것은?

① 방어적 전략 　　　　　　　② 수익률변동 예측

③ 시장예측 불필요 　　　　　④ 효율적 시장

▌풀이와 답　②

소극적 전략의 특징은 현재의 가치를 방어하는 것이고, 적극적 전략은 시장의 변화를 예측하고 대응하는 것이다. 소극적 전략은 투자자가 투자목표를 감안하여 채권 포트폴리오를 구성한 후 만기일 또는 중도상환시까지 보유하고 있다가 만기일에 상환하여 다시 비슷한 채권 포트폴리오를 구성함으로써 정해진 투자원칙에 따라 기계적으로 운용하는 방법이다.

3) 주관식 문제

01. 다음 채권들의 듀레이션을 구하시오. (단, 이표이자는 연 1회 지급하고, 액면가는 모두 $1,000이다)

채권	이표이율	만기	만기수익률
A	8%	6년	8%
B	8%	3년	8%
C	0%	6년	8%
D	4%	6년	8%

▌**풀이와 답** A: 4.9927년, B: 2.7833년, C: 6년, D: 5.3821년

채권 A와 B는 액면가채이므로 채권의 가격은 $1,000이고,

채권 D의 가격은 815.085\left(=\frac{40}{0.08}\times\left(1-\frac{1}{1.08^6}\right)+\frac{1,000}{1.08^6}\right)$가 되므로,

채권 A 듀레이션:

$$\left(\frac{80}{1.08}\times1+\frac{80}{1.08^2}\times2+\frac{80}{1.08^3}\times3+\frac{80}{1.08^4}\times4+\frac{80}{1.08^5}\times5+\frac{1,080}{1.08^6}\times6\right)\div1,000$$
$$=4.9927$$

채권 B 듀레이션:

$$\left(\frac{80}{1.08}\times1+\frac{80}{1.08^2}\times2+\frac{1,080}{1.08^3}\times3\right)\div1,000=2.7833$$

채권 C는 무이표채이므로 듀레이션은 채권만기와 동일

채권 D 듀레이션:

$$\left(\frac{40}{1.08}\times1+\frac{40}{1.08^2}\times2+\frac{40}{1.08^3}\times3+\frac{40}{1.08^4}\times4+\frac{40}{1.08^5}\times5+\frac{1,040}{1.08^6}\times6\right)\div$$
$$\left(\frac{40}{1.08}+\frac{40}{1.08^2}+\frac{40}{1.08^3}+\frac{40}{1.08^4}+\frac{40}{1.08^5}+\frac{1040}{1.08^6}\right)=5.3821$$

02. A채권의 현재가격은 9,500원이고 만기수익률은 5%라 한다. 이 채권의 수익률이 1%p 상승하면 채권가격은 9,320원이 되고 1%p 하락하면 9,700원이 된다고 한다. 이 채권의 실효 듀레이션은 얼마인가?

▌풀이와 답　2

$2 = (9,700 - 9,320)/(2 \times 9,500 \times 0.01)$

03. 5년 만기 무이표채권의 만기수익률이 8%이다. 이 채권의 듀레이션은 몇 년인가? 만일 시장수익률이 0.5% 변동한다면 이 채권의 가격은 어느 정도 변동할 것인가?

▌풀이와 답　**2.31% 하락**

무이표채권이므로 듀레이션은 5년이고,

채권가격은 $(-5)(0.005)/(1+0.08) = -2.3148\%$만큼 변동한다.

04. 수익률이 5%인 영구채의 맥컬레이 듀레이션과 수정듀레이션은 각각 얼마인가?

▌풀이와 답　21년(=1.05/0.05), 20년(=21/1.05)

05. 어떤 채권의 수정듀레이션이 10이고, 볼록성은 100이다. 시장금리가 1% 하락할 경우 이 채권의 가격변화율은 얼마인가?

▌풀이와 답　**10.5%**

$\triangle P/P = -D \times \triangle r + (1/2) \times C \times (\triangle r)^2 = 10.5\%$

06. 어떤 콜옵션부 채권가격이 시장수익률이 10%일 때 100, 11%일 때 96, 그리고 9%일 때 106이 되는 경우 이 채권의 실효 듀레이션은 얼마인가?

▌풀이와 답　5

$-(\triangle P/P)/\triangle r = -(10/100)/0.02 = 5$

07. 10년 만기 무이표채는 발행 후 6년이 되는 해부터 매년 액면가로 상환가능 권리가 부여되어 있다. 채권수익률이 10% 수평형 곡선일 때, 채권 듀레이션은 얼마인가?

▌**풀이와 답**　10년

무이표채의 듀레이션은 만기가 곧 듀레이션이므로 10년이다.

08. 어떤 생명보험회사가 보험가입자들에게 1년 후 10억원, 4년 후 30억원의 보험금을 지급하여야 한다. 수익률곡선은 8% 수준에서 만기에 관계없이 일정하다.

(1) 이 보험회사가 위의 보험금 지급액을 마련하기 위해 단 한 가지 종류의 무이표채권에 투자하여 이자율 위험을 제거하고자 한다. 어떤 만기의 채권을 매입하여야 하는가?

(2) 위의 (1)에서 선택한 무이표채권의 액면가와 현재의 시장가치는?

▌**풀이와 답**　풀이 참조

(1) 이 경우 순자산면역전략을 사용할 수 있다. 즉, 부채의 듀레이션과 자산의 듀레이션을 일치시킨다. 할인율이 8%이므로 부채의 듀레이션은 다음과 같다.

기간	보험금	현재가치	가중치	가중기간
1	10억	9.2593억	0.2957	0.2957
4	30억	22.0509억	0.7043	2.8171
합계		31.312	듀레이션=3.1128	

따라서 3.1128년의 만기를 갖는 무이표채권을 구입하는 것이 바람직하다.

(2) 무이표채권의 현재 시장가격=31.3102억원이므로,
$31.3102 \times 1.08^{3.1128} = 39.7857$억원

09. 당신이 1억원의 투자자금으로 채권포트폴리오를 구성하려 한다 하자. 당신이 원하는 듀레이션은 4년이지만, 현재 시장에서 3년 만기 무이표채권과 만기수익률이 8%인 영구채권만이 거래되고 있다 하자. 만기수익률은 이표이자의 크기에 관계없이 동일하다고 가정한다. 이 두 가지 채권에 얼마씩 투자하는 것이 바람직한가?

풀이와 답 풀이 참조

무이표채권의 듀레이션＝3년, 영속채권의 듀레이션＝1.08/0.08＝13.50년
$3X+(13.5)(1-X)=4$, $X=0.9048$이므로, 무이표채에 9,048만원을 투자하고 영구채에 952만원을 투자한다.

10. 장기채권이 현재 8%의 만기수익률로 거래되고 있다. 대부분이 투자자들은 향후 1년 동안이 수익률 수준이 유지될 것으로 보고 있지만, 당신은 향후 1년 동안에 이자율 하락이 일어날 것으로 예상하고 있다 하자. 당신의 예상이 옳다면, 다음 각 문제의 두 가지 대안 중에서 어떤 것을 택하는 것이 향후 1년 동안 보다 높은 투자수익률을 얻게 될 것인가?

(1) A. 이표이율이 8%이고 만기가 10년인 채권
　　B. 이표이율이 2%이고 만기가 10년인 채권

(2) A. 이표이율이 8%이고 만기가 3년인 채권
　　B. 이표이율이 8%이고 만기가 10년인 채권

풀이와 답 풀이 참조

(1) 이표이율이 낮을수록 가격상승률이 높으므로 B를 택한다.
(2) 만기가 길수록 가격상승률이 높으므로 B를 택한다.

11. 만약 만기일까지 3년이 남고 YTM이 6%인 채권이 매년 6%의 액면이자를 지급한다면 이 채권의 듀레이션은 어떻게 되는가? 만약 YTM이 10%이면 듀레이션은 어떻게 되는가?

풀이와 답 풀이 참조

$YTM=6\%$인 경우의 듀레이션$(D)=2.833$,
$YTM=10\%$인 경우의 듀레이션$(D)=2.824$이므로,
YTM이 높아질 경우 듀레이션은 작아진다.

12. 잔존기간 2년, 표면이자율 8%인 연단위 후급 이표채의 만기수익률이 6%일 때 듀레이션은 얼마인가? (단, 액면가 10,000원 기준)

▌풀이와 답 　1.927년

채권가격 $= (800/1.06) + (10,800)/(1.06)^2 = 10,366.68$

듀레이션 $= (754.72 \times 1 + 9,611.96 \times 2)/(10,366.68) = 1.927$년

13. 연이율 9%, 20년 만기 채권이 만기수익률 6%에 134.41원에 거래되고 있다. 만기수익률이 10bp가 증가하면 가격은 132.99원이 된다. 만기수익률이 10bp 감소하면 135.85로 증가한다. 이 채권의 수정듀레이션은 얼마인가?

▌풀이와 답 　10.53년

$(132.99 - 135.85)/135.85 = -(MD) \times (0.0002)$ 이므로, 수정듀레이션은 10.53년

14. 한 연금기금은 앞으로 3년 동안 매년 말에 각각 1백만달러, 2백만달러, 1백만 달러를 지불할 의무를 가진다. 연간이자율이 10%인 경우 연금기금의 채무 듀레이션을 계산하시오.

▌풀이와 답 　1.9524

$$듀레이션(D) = \left(\frac{100}{1.1} \times 1 + \frac{200}{1.1^2} \times 2 + \frac{100}{1.1^3} \times 3 \right) \div \left(\frac{100}{1.1} + \frac{200}{1.1^2} + \frac{100}{1.1^3} \right)$$
$$= 1.9524$$

15. 수정듀레이션이 3.5년인 채권에 100억원을 투자하였을 경우 이자율이 10%에서 8%로 하락하였다면 이 채권의 가치는 어떻게 변동하겠는가?

▌풀이와 답 　7억원 증가

변동폭 $= (-3.5) \times (-0.02) \times (100억) = 7억$

16. 위 문제의 연금기금이 필요자금의 액수를 완전하게 충당하면서 포지션을 면역화하고자 한다. 만약 이 포트폴리오가 1년 만기 무이표채와 영구연금 오직 두 가지 자산에만 투자할 수 있다고 할 때, 각각 얼마를 배정해야 하는가?

▌풀이와 답 　풀이 참조

영구연금의 듀레이션은 $(1+r)/r = 1.10/0.10 = 11$년이다. 따라서,

$(W \times 1) + 11(1 - W) = 1.9523$, $W = 9.048/10 = 0.9048$이 되므로,
할인채에 90.48%를, 영구연금에 9.52%의 비중으로 포트폴리오를 구성한다.

17. 당신은 향후 2년간 매년 말 $10,000의 등록금을 지불해야 한다. 현재 채권수익률은 8%이다.

(1) 당신이 지불해야 할 금액의 현재가치와 듀레이션을 구하시오.

(2) 등록금 납부에 소요되는 비용을 충당하기 위해서는 몇 년 만기의 액면가 얼마의 무이표채가 필요한가?

(3) 대학등록금 지불에 소요되는 비용과 동일한 가치와 듀레이션을 가지는 무이표채를 매입했다고 하자. 이제 채권수익률이 갑자기 9%로 상승하였다고 가정하자. 당신의 순포지션은 어떻게 변화하겠는가? 즉, 당신의 등록금 비용과 채권가치의 차이는 어떻게 되는가? 만약 7%로 하락하면 어떻게 되겠는가?

▌풀이와 답 풀이 참조

(1) 채권의 현재가치는 $17,832.65, 듀레이션은 1.4808년

(2) 만기 1.4808년인 할인채권의 현재가치가 $17,832.65이므로, 액면가는 다음과 같이 계산될 수 있다. $17,832.65 \times (1.08)^{1.4808} = \$19,985.26$

(3) 이자율이 9%로 증가한다면, 할인채권의 가치는
$(19,985.26)/(1.09)^{1.4808} = \$17,590.92$로 하락할 것이다.
따라서 등록금의 현재가치는 $17,591.11로 하락하게 되고 순가치는 $0.19만큼 변화한다.
만약 이자율이 7%로 증가한다면,
할인채권은 $(19,985.26)/(1.07)^{1.4808} = \$18,079.99$로 하락할 것이다.
따라서 등록금의 현재가치는 $18,080.18로 하락하게 되고 순가치는 $0.19만큼 변화한다. 즉, 듀레이션만큼 보유기간을 가져가게 되면 이자율변화에 대해 등록금 지급의 현재가치는 변화가 없게 된다.

18. 연금기금에서는 연금 가입자에게 평생 동안 연금을 지급한다. 기업이 영구히 존속한다면 연금채무는 영구채권과 같다. 만약 당신이 매년 2백만 달러를 연금 수혜자들에게 영구히 지급해야 하는 연기금을 관리한다고 가정하자. 모든 채권에 대한 만기수익률은 16%이다.

(1) 액면이자율 12%(매년지급), 5년 만기 채권의 듀레이션은 4년이고, 액면이자율 6%(매년지급), 20년 만기 채권의 듀레이션은 11년인 경우, 당신이 채무에 대하여 필요자금의 액수를 완전하게 충당하면서 동시에 면역화하고자 한다면 이들 이표채를 시장가치기준으로 얼마만큼씩 보유하여야 하는가?

(2) 당신이 보유한 20년 만기 이표채의 액면가는 얼마인가?

▌**풀이와 답** 풀이 참조

(1) 채권의 현재가치 = $2million/0.16 = $12.5million,
   듀레이션 = 1.16/0.16 = 7.25년
   따라서 4년의 듀레이션을 가지는 5년 만기 채권에 대한 투자비중을 W로 하면,
   $(W \times 4) + (1 - W)(11) = 7.25$, $W = 0.5357$이므로,
   5년 만기 채권에는 $0.5357 \times $12.5 = $6.7million$을 투자하고,
   20년 만기 채권에는 $0.4643 \times $12.5 = $5.8million$을 투자한다.

(2) 20년 만기 채권의 가격은 $407.12이므로 시장가격은 액면가의 0.4071배로 거래되고 있다. 따라서 5.8million = 액면가 × 0.4071이므로, 액면가 = $14.25million

19. 당신은 1백만달러 규모의 포트폴리오를 관리하고 있다. 당신의 목표듀레이션은 10년이고, 당신은 5년 만기 무이표채와 영구연금 두 가지 채권 중에서 선택할 수 있다. 현재 두 증권의 수익률은 모두 5%이다.

(1) 당신의 포트폴리오는 각각의 채권을 얼마만큼의 비율로 보유해야 하는가?

(2) 목표 듀레이션이 이제 9년인 경우 다음 연도에 이 투자비율은 어떻게 변하는가?

▌**풀이와 답** 풀이 참조

(1) 영구연금의 듀레이션은 1.05/0.05 = 21년이고, 할인채권의 투자비중을 W로 두면, $(W \times 5) + (1 - W) \times (21) = 10$, $W = 11/16 = 0.6875$
   따라서 포트폴리오는 할인채권에 68.75%를 투자하고 나머지를 영구연금에 투자한다.

(2) 영구연금에 21년의 듀레이션을 가지고, 할인채권은 4년의 듀레이션을 가지게 된다. 목표듀레이션이 9년이 되면,
   $(W \times 4) + (1 - W) \times (21) = 9$, $W = 12/17 = 0.7059$
   따라서 포트폴리오는 할인채권에 70.59%를 투자하고 나머지를 영구연금에 투자한다.

20. 1년 전에 액면가 10,000,000원, 표면이자율 연 10%인 2년 만기 채권을 8,000,000
원에 매입하였다. 현재 이 채권의 만기수익률은 8%이다. 이 채권의 현재가격은
얼마인가? 또 이 채권의 과거 1년간의 투자수익률과 현재 듀레이션은 얼마인가?

▌풀이와 답   풀이 참조

$B = (10,000,000 + 1,000,000)/(1 + 0.08) = 10,185,185$

투자수익률 $= (10,185,185 - 8,000,000)/8,000,000 = 0.2731$, 듀레이션 $= 1$년

21. 다음 채권들 중 듀레이션이 짧은 것부터 긴 것까지 순서대로 열거하라.

채권	만기	쿠폰이자율	이자지급횟수	수익률
A	10	6%	1	6%
B	10	6%	2	6%
C	10	0%	1	6%
D	10	6%	1	5%
E	9	6%	1	6%

▌풀이와 답   E-B-A-D-C

채권 E는 만기가 가장 짧다. 다음으로 채권 A, B의 비교에서 이자지급횟수가 많은
채권 B는 6개월 후에 처음 이자가 지급되어 현금흐름이 발생하기 때문에 듀레
이션이 짧다. 다음으로 채권 A와 D는 수익률이 낮은 채권이 미래에 현금흐름이
가중되기 때문에 채권 D가 듀레이션이 길다. 마지막으로 할인채는 듀레이션이
가장 길다.

22. 갑은 앞으로 3년 동안 채권에 투자하고자 하는데, 이자율변동에 따른 위험을
제거하기 위하여 잔존만기가 2년이고 매년 말에 이자를 지급해주는 이표채(채권
A)와 잔존만기가 4년인 순수할인채(채권 B)를 가지고 가중평균 듀레이션이 3년이
되도록 투자하였다. 시장이자율에 변동이 없다고 가정할 경우 1년이 지난 후에는
두 채권에 대한 투자비율을 어떻게 조정해야 하는가?

▌풀이와 답   풀이 참조

1년이 지난 후에는 목표투자기간이 2년이 되고, 채권 A의 듀레이션은 1년, 채권
B의 듀레이션은 3년이 된다. 따라서 1년이 지난 후에 남아 있는 투자기간 2년과
듀레이션이 일치되도록 하려면 두 채권에 50%씩 투자하여야 한다.

23. A기업은 9.94년의 듀레이션과 100억원의 시장가치를 갖는 자산포트폴리오를 보유하고 있다. 이 자산포트폴리오에 포함된 자산들에 대한 이자는 1년에 2회 6개월마다 수취된다. 이 자산들은 자기자본 10억원과 채권발행 90억원으로 조달된 자금으로 형성되었다. 이 채권의 액면이자는 연 7.25%, 만기는 2년이다. 액면이자는 1년에 2회 6개월마다 지급된다. 현재 이 채권의 시장가격은 액면가와 동일하다. 각 시점에서 발생하는 1원의 현재가치는 다음의 표와 같다.

현금흐름 발생시점 (단위: 년)	현가요소	현금흐름 발생시점 (단위: 년)	현가요소
0.5	0.9650	1.5	0.8987
1.0	0.9313	2.0	0.8672

이 기업의 자기자본가치의 변동을 면역하려면 자산포트폴리오의 듀레이션은 얼마로 조정되어야 하는가? (단, 자산과 부채에 적용되는 시장이자율의 변화는 동일하며, 소수 셋째자리에서 반올림하여 계산한다)

풀이와 답   1.71년

듀레이션=1.8974년으로 계산되므로, 자산듀레이션은 다음과 같다.

$D_A \times A = D_L \times L$이므로, $D_A \times 100억 = 1.8974 \times 90억$,

즉 자산듀레이션은 1.71년

Chapter

06

주식투자전략

주식투자전략

1. 주식의 내재가치

1) 개념정리 문제

서술형

1. 증권분석에서 기본적 분석의 유용성과 그 한계에 대해 설명하시오.

2. 거시 경제변수들과 주가의 관련성에 대해 설명하시오.

3. 기본적 분석에서 경제분석, 산업분석, 기업분석의 필요성에 대해 설명하시오.

4. 기업분석에서 재무제표 분석과 재무비율 분석의 유용성에 대해 설명하시오.

5. 주식의 내재가치를 기대 배당의 현금흐름으로 추정하는 근거에 대해 설명하시오.

단답형

※ 다음 (   )에 적당한 단어를 써 넣거나 고르시오.

1. 미래 배당수입이나 시세 차익과 같은 현금흐름을 현재시점의 가치로 할인한 현재
   가치를 구하여 보통주의 이론적 가치로 삼는 방법을 (   )이라고 한다.

2. 보통주의 주당가치를 평가함에 있어서 시장가격과 장부가치의 괴리의 정도를 평
   가하는 자기자본평가지표로서, 주가를 자기자본의 주당 장부가치로 나눈 비율을
   (   )이라고 한다.

3. 수익가치에 근거하여 보통주의 내재가치를 추정하는 방법으로, 먼저 기업의 미래 기대 이익으로 평가하는 이익평가모형과 미래 기대 배당액으로 평가하는 (　　　　　)이 있다.

4. M. Gordon의 배당할인모형에 따르면 기대배당이 (클수록, 작을수록), 요구수익률이 (높을수록, 낮을수록), 배당의 기대성장률이 (높을수록, 낮을수록) 주식가치는 높게 평가된다.

풀이와 답

   1. 현금흐름할인모형: DCF
   2. 주당순자산배율: PBR
   3. 배당평가모형, 이익평가모형
   4. 클수록, 낮을수록, 높을수록

2) 객관식 문제

01. 증권분석에서 기본적 분석에 관한 다음 설명 중 옳지 않은 것은?
   ① 증권의 내재가치를 산출하는데 초점을 맞추는 방법이다.
   ② 증권시장에서 매도 또는 매수할 주식을 선택하는데 적절한 방법이다.
   ③ 기본적 분석은 계량화된 지표에 대한 양적 분석과 질적 분석으로 구분한다.
   ④ 주가변동의 예측을 통해 매매시점을 포착하는데 유용한 분석기법이다.

풀이와 답　④
기본적 분석은 증권의 내재가치를 추정하여 투자전략에 활용하기 위한 기법이다.

02. 다음 중 주식가격을 분석하는 방법에 관한 설명으로 가장 잘못된 것은?
   ① 주가분석 방법에는 기술적 분석, 기본적 분석, 비공식적 정보이용 등이 존재한다.
   ② 기본적 분석에 따르면 주식의 시장가격은 기업의 내재가치를 반영한다고 전제한다.

③ 주가평가를 위한 기본적 할인율은 그 주식의 위험이 반영된 할인율을 사용한다.

④ 효율적 시장가설 하에서 주가의 변동을 예측하는 것은 거의 불가능하다.

풀이와 답 ②

기본적 분석은 주식의 균형가격이 기업의 내재가치를 반영하고 시장가치는 이로부터 이탈되어 불균형상태에 놓인다는 전제를 하고 있다. 따라서 과소평가나 과대평가되는 주식이 존재할 수 있다.

03. 다음 중 기본적 분석과 관련이 없는 내용은?

① 내재가치 분석　　　　　　　② 거래량과 가격의 분석

③ 경제분석 – 산업분석 – 기업분석　④ *PER* 평가

풀이와 답 ②

거래량과 가격을 분석하는 기술적 분석이다.

04. 기본적 분석의 한계점에 관한 설명으로 가장 거리가 먼 것은?

① 투자가치를 무시하고 시장의 변동에만 집착한다.

② 일반적으로 기업의 진정한 가치를 파악하는데 소요되는 분석기간이 매우 길다.

③ 기업마다 회계처리기준이 달라서 산업 내 기업 간 비교가 어려울 수 있다.

④ 투자자마다 견해가 다를 수 있어서 주식의 내재가치가 다양하게 평가될 수 있다.

풀이와 답 ①

기본적 분석은 내재가치를 추정하는 것으로 시장의 단기적 변동은 중요하지 않다.

05. 주식가치 평가에 관한 다음 설명 중 가장 잘못된 것은?

① 주식가치는 미래의 배당을 현재가치화한 것이다.

② 항상성장모형에 따르면 주주의 요구수익률이 성장률보다 커야 현재 주가가 정해진다.

③ 무성장기업의 회사는 주당순이익을 전액 배당으로 유출하는 회사이다.

④ 현재주가와 균형가격이 동일하면 이 회사는 순현재가치가 0인 기업이다.

▌풀이와 답 ④

현재주가와 균형가격이 동일하면 현재 이 기업이 균형인 상태이지 순현재가치가 0인 기업인 것은 아니다.

06. 주가분석과 관련된 서술 중 옳지 않은 것은?

① 기술적 분석은 주가의 움직임에 어떤 패턴이 있고, 반복되는 경향이 있다고 가정한다.

② 기본적 분석은 주가 이외의 다른 요인과 주가와의 관계를 통해 주가를 예측하는 것이다.

③ 약형 효율적 시장이론에서는 증권가격이 랜덤워크모형에 따른다.

④ 기본적 분석은 약형 *EMH*에 의해, 기술적 분석은 준강형 *EMH*에 의해 부정된다.

▌풀이와 답 ④

기본적 분석은 준강형 효율적 시장에 의해 부정이 되고, 기술적 분석은 약형 효율적 시장이론에 의해 부정된다.

07. 주식가치 평가에 관한 다음 설명 중 옳지 않은 것은?

① 당기순이익이 높은 회사는 당기순이익이 낮은 회사보다 주가가 높다.

② 주식가치는 현재보다는 미래의 정보가 반영되어 있다.

③ 기대수익률을 구하기 위해서는 현재 주가가 먼저 정해져야 하나, 요구수익률은 현재의 주가와 관계없이 정해진다.

④ 주주의 요구수익률로 평가하면 주식의 내재가치를 구할 수 있고, 기대수익률로 평가하면 주식의 시장가치가 구해진다.

▌풀이와 답 ①

당기순이익이 높다고 반드시 주가가 높은 것은 아니다. 주가는 주식수에 의존한다.

08. 고든의 항상성장모형에 대한 설명으로 올바른 것은?

① 주주들의 요구수익률은 예상배당수익률에서 자본이득수익률을 차감한 것이다.

② 배당성장률이 주주들의 요구수익률보다 크다.

③ 주주들의 요구수익률과 주가는 반비례한다.

④ 배당금의 성장률은 주가와 반비례한다.

▌풀이와 답   ③

주주들의 요구수익률은 예상배당수익률과 자본이득수익률을 합한 것이고, 배당성장률은 요구수익률보다 작으며, 배당성장률이 클수록 보통주 가치는 증가한다.

09. 다음 중 일정성장 배당할인모형의 가정이 아닌 것은?

① 주식은 일정한 비율로 성장하는 배당금을 계속 지급한다.

② 항상성장률은 무제한의 기간 동안 계속된다.

③ 주식은 매년 같은 수준의 배당금을 지급한다.

④ 요구수익률은 성장률보다 커야 한다.

▌풀이와 답   ③

일정성장 배당할인모형은 배당이 매년 일정비율로 상승하는 것을 가정한다.

10. 고정성장배당모형에 관한 다음 설명 중 옳은 것은?

① 고정성장배당모형이 적용되기 위해서는 주식의 요구수익률이 배당의 성장률보다 같거나 낮아야 한다.

② 다른 모든 조건이 동일한 경우, 기본적으로 배당상승에 대한 기대와 주식가치의 변동은 관계가 없다.

③ 고정성장모형에서 주식의 위험은 기대 배당에 반영되어 있다.

④ 다른 조건이 동일한 경우, 배당성장률의 상승은 주식가치를 상승시킨다.

▌풀이와 답   ④

고정성장배당모형이 적용되기 위해서는 주식의 요구수익률이 배당의 성장률보다 커야 한다. 배당성장에 대한 기대가 크면 주가가 상승한다. 항상성장모형의 할인율은 자기자본비용이며, 주식의 위험은 할인율인 자기자본비용에 반영되어 있다.

11. 배당평가모형에 관한 다음 설명 중 바르지 못한 것은?

① 증권의 내재가치로, 배당흐름을 요구수익률로 할인한 현재가치로 표시한다.

② 항상성장모형에서 요구수익률과 배당성장률이 클수록 주가가 상승한다.

③ 항상성장모형은 성장률이 큰 주식에는 적용하기 어렵다는 것이 한계이다.

④ 제로성장모형은 기업의 배당이 성장되지 않는다는 것을 전제로 계산한다.

▌**풀이와 답** ②

항상성장모형은 배당액을 요구수익률에서 배당성장률을 차감한 것으로 나누어 계산하므로, 배당이 클수록 요구수익률이 작을수록, 배당성장률은 클수록 주가가 상승한다.

12. 성장기회의 순현가($NPVGO$)에 관한 다음 설명 중 잘못된 것은?

① 성장기회의 순현가는 성장기업의 주가에서 무성장기업의 주가를 차감한 것이다.

② 성장기회의 순현가는 음수가 나올 수 있다.

③ 성장률이 자기자본비용보다 크면 $NPVGO$는 항상 양($+$)의 값이 나온다고 할 수 없다.

④ 성장기회의 순현가는 재투자수익률 및 자기자본비용과 밀접한 관계가 있다.

▌**풀이와 답** ③

성장률이 자기자본비용보다 크면, 재투자수익률은 반드시 자기자본비용보다 크게 된다. $b \times ROE = g > r$ (단, $0 \leq b \leq 1$), 이러한 주식은 성장주이기 때문에 $NPVGO$는 항상 양수가 나온다고 볼 수 있다.

3) 주관식 문제

01. 현재 주가가 10,000원이며, 1,000원의 배당이 기대된다. 연말에 이 주식을 11,000원에 매도할 수 있다면 이 주식의 기대수익률은 얼마인가?

❙풀이와 답　20%

$$1,000/10,000 + (11,000 - 10,000)/10,000 = 0.2$$

02. 투자자들은 A기업이 매년 주당 2,000원씩의 배당금을 영구적으로 지급할 것으로 기대하고 있다. 만약 투자자들이 이 주식에 대하여 10%의 수익률을 요구한다면 이 주식의 주당가격은 얼마인가?

❙풀이와 답　20,000원

$$P_0 = 2,000/0.1 = 20,000원$$

03. A기업은 금년도에 주당 1,000원씩 배당하였다. 이 회사의 배당금은 매년 5%씩 증가하고 있으며, 이러한 증가율은 앞으로도 계속될 전망이다. 이 주식에 대한 요구수익률이 10%일 경우 이 주식의 현재가치는 얼마인가?

❙풀이와 답　21,000원

$$P_0 = 1,000 \times 1.05/(0.1 - 0.05) = 21,000원$$

04. 오늘 주당 4,000원의 배당금을 지급한 A기업은 향후 10%의 성장을 지속할 것으로 전망되고 있다. A기업의 요구수익률이 20%라면 A기업 주식의 현 내재가치는 얼마인가?

❙풀이와 답　44,000원

$$P_0 = 4,000(1.1)/(0.2 - 0.1) = 44,000원$$

05. A기업 주식의 예상수익률은 연 16%이다. 이 회사는 연말에 주당 2,000원의 배당금을 지급하려고 한다. 현재 주가가 50,000원이라면 예상 배당성장률은 얼마인가? 그리고 이 회사의 배당성장률이 6%라면 주가는 얼마인가?

▌풀이와 답   12%, 20,000원

$g = 0.16 - (2,000/50,000) = 0.12$, 그리고 배당성장률이 6%라면
$P_0 = 2,000/(0.16 - 0.06) = 20,000$원

06. 시장이자율이 8%인 상황에서 매 3개월마다 1억원을 지급받는 영구채의 가격은?

▌풀이와 답   50억원

1억원$/(0.08/4) = 50$억원

07. A기업은 1년도 말부터 4년도 말까지는 주당 1,000원씩 일정하게 배당하고, 그 이후부터는 매년 5%씩 배당을 계속 증가시키려고 한다. 이 주식의 요구수익률이 10%라면, 이 주식의 현재가치는 얼마인가?

▌풀이와 답   17,513원

$P_0 = 1,000/(0.1)(1 - 1/1.1^4) + [1,000 \times 1.05/(0.1 - 0.05)]/(1.1)^4 = 17,513$원

08. A기업 주식의 가격이 1년 후에는 45,000원으로 예상되며, 주당 1,000원 배당이 지급될 것으로 예상된다. 이 주식의 현재 주가는 38,000원으로 거래되고 있다. 그리고 무위험수익률은 6%, 시장포트폴리오의 기대수익률은 14%로 추정된다.

(1) 이 주식의 향후 1년간 배당수익률과 주가상승률은 얼마로 기대되며, 보유기간 수익률은 얼마로 예상되는가?

(2) A기업의 베타계수가 1.3일 때, 이 주식의 요구수익률은 얼마인가?

▌풀이와 답   풀이 참조

(1) 배당수익률 $= 1,000/38,000 = 0.0263$,
주가상승률 $= (45,000 - 38,000)/38,000 = 0.1842$
따라서 보유기간수익률 $= 2.63\% + 18.42\% = 21.06\%$

(2) 베타계수가 달라지지 않는 한 요구수익률은 22.40%로 계산되고, 주식의 내재가치는 $1,000/(0.2240-0.07)=6,494$원으로 평가됨

09. A기업의 베타는 1.2이고, 이 기업은 이익의 40%를 배당으로 지급하고 있는데, 최근에 공시된 바에 따르면 주당이익은 10,000원이었다. 배당금이 막 지급될 시점에 있고 앞으로도 매년 지급될 것으로 예상된다. 그리고 A기업의 재투자이익률(ROE)은 연 20%로 예상되고 있다. 단, 무위험이자율은 8%이고, 시장포트폴리오 기대수익률은 15%이다.

(1) A기업 주식의 내재가치는 얼마인가?

(2) 현재 A기업 주식의 시장가격은 100,000원이고 지금부터 1년 후에는 시장가격과 내재가치가 동일할 것으로 예상될 때, 이 기간 A기업 주식의 보유기간수익률은 얼마인가?

▌**풀이와 답** **(1)** 101,818원 **(2)** 0.1852

(1) $E(R_A)=0.08+(0.15-0.08)\times1.2=0.164$이고, $g=0.2\times0.6=0.12$이므로,
$P_0=4,000(1.12)/(0.164-0.12)=101,818$원

(2) $P_1=101,818\times(1.12)=114,036$,
$E(R_A)=(114,036-100,000+4,480)/(100,000)=0.1852$

10. A기업의 지난 1년간의 이익은 주당 7,000원이고 향후 3년간 연 8%의 성장이 예상된다. 이 회사는 이익의 50%를 배당금으로 지급하며, 베타는 1.05이고, 주식시장 전체의 기대수익률은 향후 3년간 연 10%로 예상된다. 또, 이 주식의 3년 후 가치는 3년 후 주당이익의 13배에 해당될 것으로 예상된다. 이 주식의 현재가치는 얼마인가?

▌**풀이와 답** 94,994원

$P_0=(7,000\times0.5\times1.08)/(1+0.1\times1.05)+(7,000\times0.5\times1.08^2)/(1+0.1\times1.05)^2$
$\qquad+((7,000\times0.5\times1.08^3)+(7,000\times1.08^3\times13))/(1+0.1\times1.05)^3$
$\quad=94,994$

11. A기업의 ROE는 25%이고 내부유보율은 50%이다. 만일 금년도의 예상 주당이익이 1,800원이라면 이 회사의 주식은 현재 얼마의 가격으로 평가되어야 하는가? 3년 후에는 얼마의 가치로 평가되겠는가? (단, 요구수익률은 20%로 가정한다)

▎**풀이와 답** 　12,000원, 17,086원

당기말 주당배당은 900원(= 1,800원 × 0.5)이고,

주당배당의 성장률은 12.5%(= 0.25 × 0.5)이므로,

현재의 주식가치는 $P_0 = 900/(0.2 - 0.125) = 12,000$원

3년도 말의 주당배당은 $900 \times (1 + 0.125)^3 = 1281.45$원이므로,

3년 후 주가는

$P_3 = 1281.45/(0.2 - 0.125) = 17,086$원

12. 어떤 주식이 금년도 초에 주당 1,200원의 배당을 지급하였다. 이 회사의 앞으로의 주당 배당성장률은 향후 5년간 5%, 그 이후 8년간 10%, 그 이후 영속적으로 5% 수준일 것으로 예상되고 있다. 이 회사의 주식에 대한 요구수익률은 15%이다. 이 주식의 가치를 다단계 배당할인모형을 사용하여 평가하시오.

▎**풀이와 답** 　15,220원

$$P_0 = 1,260/1.15 + \dots + 3,283/1.15^{13} + (3,447/(0.15 - 0.05))/1.15^{13} = 15,220 원$$

13. A기업의 주당배당은 3년 전에 1,000원, 2년 전에 900원, 1년 전에 1,100원이었고, 금년 초의 주당배당은 1,200원이다. 이 기업의 베타계수는 약 1.2 정도로 생각되고 있다. 무위험수익률이 10%이고, 시장의 위험프리미엄은 5% 정도이다. 이 기업의 배당성장률이 종전과 같은 추세로 유지된다고 한다면 이 기업의 금년 초의 주가는 얼마로 평가될 수 있는지 계산하시오.

▎**풀이와 답** 　13,106

지난 3년간의 평균배당성장률$(g) = (1,200/1,000)^{1/3} - 1 = 6.27\%$,

요구수익률 $= 0.1 + (0.05)(1.2) = 16\%$이므로,

$P_0 = 1,200(1 + 0.0627)/(0.16 - 0.0627) = 13,106$

14. A기업은 내년에 주당 $6의 이익을 예상한다. 회사의 ROE는 15%이고 유보율은 60%이다. 이 회사의 자본비용이 10%라면 성장기회의 현재가치($PVGO$)는 얼마인가?

┃ 풀이와 답   180

무성장일 때의 주가 $=6/0.1=60$, $g=0.6\times0.15=0.09$,

성장할 때의 주가 $=2.4/(0.1-0.09)=240$,

따라서 $PVGO=240-60=180$

15. A기업의 잉여현금흐름은 2억5백만달러로 보고되었다. 이 회사의 이자비용은 2,200만달러이다. 세율이 35%이고 회사의 순부채는 3백만달러 증가하였다고 가정하자. 성장률 연 3%가 영원히 지속되고 자기자본비용은 12%라면, 자기자본의 시장가치는 얼마인가?

┃ 풀이와 답 $2,152.22

$FCFE=205-22\times(1-0.35)+3=193.70$,

시장가치 $=193.70/(0.12-0.03)=\$2,152.22$

16. A기업은 연간 배당금으로 주당 $2.10를 지급한다. 무위험이자율은 7%이고, 이 주식의 위험프리미엄은 4%이다. 연간 배당금이 동일한 수준을 계속 유지한다면 주가는 얼마인가?

┃ 풀이와 답 $19.09

$P_0=2.10/0.11=\$19.09$

17. 무위험이자율은 5%이고 시장요구수익률은 10%이며, A기업 주식의 베타계수는 1.50이다. 다음 연도의 예상배당금 D_1은 $2.500이고 $g=4$%라면 주가는 얼마가 되어야 하는가?

┃ 풀이와 답 $29.41

$r=0.05+(1.5)(0.1-0.05)=12.5\%$이므로,

$P=2.5/(0.125-0.04)=\$29.41$

18. A기업의 1년도 말에 기대되는 주당순이익(EPS)은 2,000원이다. 이 기업의 내부
유보율은 40%이고, 내부유보된 자금은 재투자수익률 20%로 재투자된다. 이러한
내부유보율과 재투자수익률은 지속적으로 일정하게 유지된다. 이 기업의 자기자본
비율(ROE)이 14%라고 할 경우 이 기업 주식의 이론가격은 얼마인가?

┃ 풀이와 답　20,000원

19. 올해 말 주당순이익이 1,000원인 A기업은 올해 말부터 배당성향을 기존의
100%에서 50%로 줄이고자 한다. 이 정보를 공시하기 전의 한국기업의 주가는
10,000원이며, 한국기업의 재투자수익률은 10%이다. 한국기업의 공시 후 주가는
얼마인가?

┃ 풀이와 답　10,000원
배당 100%의 경우 $10,000 = 1,000/r$, $r = 10\%$이므로, $r = 10\% = ROE$, 즉 A기업의
주식은 중립주이므로 유보율과 상관없이 주가가 일정하다. 따라서 주가는 10,000원

20. A기업의 발행주식수는 100,000주이고 배당성향이 30%이며 자기자본이익률이
10%이다. 이 기업의 주식베타값은 1.2이고 올해 초 주당배당금으로 2,000원을
지불하였다. 또한 무위험이자율이 5%이고 시장포트폴리오의 기대수익률이 15%
라고 한다. 이러한 현상이 지속된다고 가정할 때, 이 기업의 2년 말 시점의 주
가는 약 얼마가 될 것인가?

┃ 풀이와 답　24,500원
$E(r) = 0.05 + (0.15 - 0.05) \times 1.2 = 0.17$, $g = 0.1 \times (1 - 0.3) = 0.07$이므로,
$P_2 = 2,000 \times (1.07)^3/(0.17 - 0.7) = 24,500$원

21. A기업은 신형의 개량제품을 가지고 출현하였다. 이 기업의 ROE는 20%라고
전망되며 내부유보율은 0.30을 유지할 예정이다. 이 회사의 올해 이익은 주당
$2가 될 것이다. 투자자들은 이 주식에 대하여 12%의 수익률을 기대하고 있다.
(1) 이 기업의 내재가치는 얼마인가?
(2) 성장기회의 현재가치는 얼마인가?

(3) 기업이 이익의 20%만을 재투자할 계획인 경우, P/E비율과 성장기회의 현재가
치는 얼마가 될 것인가?

풀이와 답 (1) 23.33 (2) \$6.66 (3) \$3.33

(1) $g = ROE \times b = 0.20 \times 0.30 = 0.06$이고, $D_1 = 2(1-0.30) = 1.40$이므로,

$$P_0 = D_1/(r-g) = 1.4/(0.12-0.06) = 23.33$$

(2) $PVGO = P_0 - E_0/r = 23.33 - 2/0.12 = \$6.66$

(3) $g = ROE \times b = 0.2 \times 0.2 = 0.04$ 이고, $D_1 = 2(1-0.20) = 1.6$이므로,

$$P_0 = D_1/(r-g) = 1.6/(0.12-0.04) = 20.0, \quad P/E = 20/2 = 10.0$$

따라서 $PVGO = P_0 - E_0/r = 20.0 - 2/0.12 = \$3.33$

22. 현재 A기업의 주식은 주당 \$10에 거래되고 있다. 내년의 주당순이익(EPS)은
\$2로 예상된다. 이 회사는 매년 이익의 50%를 배당금으로 지급하는 정책을
가지고 있다. 나머지는 유보하여 연 20%의 수익률을 올리는 프로젝트에 투자
한다. 이러한 상황은 영원히 지속될 것으로 예상된다.

(1) 현재 주가는 일정성장 배당할인모형을 사용하여 계산된 그 주식의 내재가치를
반영한다고 가정할 때, 이 회사의 투자자들이 요구하는 수익률은 얼마인가?

(2) 모든 이익을 배당으로 지급하고 재투자는 하지 않을 때의 가치에 비하여 이 가
치는 얼마나 더 높은가?

(3) 만약 이 회사가 배당지급률을 25%로 낮춘다면 주가는 어떻게 변하는가? 또
배당금을 지급하지 않는다면 어떻게 변하는가?

풀이와 답 (1) 20% (2) 0 (3) 풀이 참조

(1) $D_1 = 0.5 \times \$2 = \$1$, $g = 0.5 \times 0.20 = 0.10$이므로,

$$r = D_1/P_0 + g = 1/10 + 0.10 = 0.20, \quad 20\%$$

(2) $r = ROE$이므로, 미래투자기회의 현재가치는 0이다.

$$PVGO = P_0 - E_0/r = 10 - 10 = 0$$

(3) $r = ROE$이므로, 주가는 배당지급률에 영향을 받지 않으며, 그 초과이익분은
재투자될 것이다. 배당을 지급하지 않는다면 초과투자의 현재가치가 0이기 때
문에 주가에 영향을 미치지 않을 것이다.

23. 투자회사는 자사의 모든 애널리스트에게 주식의 가치평가에 2단계 *DDM*과 *CAPM*을 사용하도록 요구하고 있다. 이들 기준을 적용하여 A기업의 주가는 $63이라고 평가하였다.

(1) 다음 표에 주어진 정보를 이용하여 B기업의 요구수익률을 계산하시오.

	A기업	B기업
베타	1.35	1.15
주가	$45	$30
내재가치	$63	?
무위험이자율=4.5%, 기대시장수익률=14.50%		

(2) B기업의 올해 배당금은 주당 $1.72이고, 이후 배당성장률이 첫 3년은 12%이고 그 이후 9%로 지속될 것이라면 2단계 *DDM*을 이용한 이 기업의 내재가치는 얼마인가?

년도	배당
2007	$1.72
2008	$1.72 \times 1.12 = $1.93
2009	$1.72 \times 1.12^2 = $2.16
2010	$1.72 \times 1.12^3 = $2.42
2011	$1.72 \times 1.12^4 \times 1.09 = $2.63

▌**풀이와 답** **(1)** 0.16 **(2)** $28.89

(1) $r = 0.045 + (0.145 - 0.045) \times (1.15) = 0.16$

(2) 2008~2010년까지 배당의 2007년도의 가치: $4.82

2010년 이후 배당의 2010년도의 가치: $37.57(= 2.63/(0.16 - 0.09))$

따라서 2007년도의 내재가치 $= 4.82 + 37.57/1.16^3 = $28.89

24. A기업은 당해연도 말 5억원의 순이익을 기대하고 있다. 새로운 투자를 하지 않는다면 순이익은 매년 3%씩 증가할 것이지만, 이 기업은 지금 새로운 사업을 추진 중이다. 이 사업의 투자비용 10억원을 지금 즉시 지출하여야 하지만, 그 이익은 1년 후부터 발생하기 시작한다. 이 사업을 실시하는 경우 추가적인 3억 2천만원의 이익을 얻을 수 있으며, 이것도 역시 매년 3%씩 증가할 것이다. 기업의 요구수익률은 13%이고, 주식수는 20만주이다.

(1) 새로운 사업에 진출하지 않을 경우, 이 기업의 주당 가격은 얼마인가?

(2) 새로운 사업 진출로 인해 발생하는 성장기회의 가치($NPVGO$)는 얼마인가?

(3) 새로운 사업에 진출하는 경우 이 기업의 주당 가격은 얼마인가?

▌**풀이와 답**　(1) **25,000원**　(2) **22억원**　(3) **36,000원**

(1) 1년도 말의 배당금은 5억원/20만주＝2,500원이므로,
주가는 2,500/(0.13－0.03)＝25,000원

(2) $NPVGO$＝3.2/(0.13－0.03)－10＝22억원

(3) 주당 $NPVGO$＝22억원/20만주＝11,000원이므로,
주가＝25,000＋11,000＝36,000원

2. 주식의 투자전략

1) 개념정리 문제

서술형

1. 주식투자의 적극적 투자전략과 소극적 투자전략에 대해 설명하시오.

2. 효율적 시장가설과 투자 운용방식의 관계에 대해 설명하시오.

3. Tobin의 Q비율에 대해 설명하시오.

4. 기술적 분석의 기본 가정과 그 유용성에 대해 설명하시오.

5. 기본적 분석과 기술적 분석의 장·단점에 대해 설명하시오.

단답형

※ **다음이 맞는 내용이면 (○), 옳지 않은 내용이면 (×)로 표시하시오.**

1. 전략적 자산배분은 원칙적으로 계획 기간 내에 주기적으로 재검토하고 수정된다.
　　　　　　　　　　　　　　　　　　　　　　　　　　　　　　　（　　）

2. 전술적 자산배분에서 가치평가모형은 각 자산의 균형가격 또는 적정 가치를 판단하는데 이용된다. (　　)

3. 전술적인 자산배분에서는 투자자의 위험회피도가 고정되어 있는 것으로 가정하지만, 운용자의 위험선호도도 시장상황에 따라 바뀔 수 있으므로, 이를 통제하기 위한 수단이 필요하다. (　)

4. 이론상으로는 어떠한 형태의 수익구조도 위험자산과 무위험자산 간의 동적 자산배분을 통해 달성할 수 있다. (　)

5. PER은 수익가치, PBR은 자산가치를 고려한 상대적 주가수준을 평가할 수 있다. (　)

▌풀이와 답

1. (×), 전략적 자산배분은 수익성, 안정성, 중장기 부채현황 등을 종합적으로 고려하여, 운용자산별 비중, 만기구조, 신용투자 규모 등에 대해 중장기 자산운용 정책을 수립하는 것을 의미하며, 단기적으로 재검토되어 수정되지는 않는다.

2. (○), 전술적 자산배분은 자산운용자가 변화하는 시장상황에 대응하고 이를 적절히 이용하기 위해, 시장에 대한 전망을 바탕으로 전략적 자산배분이 정하는 범위 내에서 자산구성 비율을 조정하는 것을 말한다.

3. (○)

4. (○)

5. (○)

※ 다음 (　)에 적당한 단어를 써 넣으시오.

6. 최적 자산배분은 투자자의 (　　　　　)와/과 효율적 투자기회선이 접하는 점이다.

7. (　　　　　)은/는 과거의 가격과 거래량 등의 역사적 정보를 분석하여 미래의 가격변동을 예측하는 데 이용할 수 있는 어떤 패턴이나 신호를 찾아 투자전략에 활용하는 방법을 말한다. 기술적 분석 투자자들은 과거의 가격 또는 거래량을 도표나 지표로 표현하고 이를 관찰하여 매도 또는 매입의 신호를 찾아내고자 노력한다.

8. (　　　　　)은/는 자산의 가치를 결정하는 기본요인을 분석하여 자산의 내재가치를 평가하고자 하는 분석방법이다. 주식의 경우, 기본요인으로서 기업의 이익 및 배당에 관한 전망, 이자율에 대한 전망 및 기업의 위험도 등이 중요한 것으로 알려져 있으며, 이 기본요인들에 대한 정보는 대부분 공표된 자료로 확보가능하다.

9. (　　　　　)은/는 어떤 비밀정보를 이용한다 하더라도 비정상 성과를 얻어낼 수 없는 효율적 시장에서 가장 우수한 증권분석 방법은 포트폴리오 선택이론을

이용한 효율적 분산투자라는 점을 활용하여 시장포트폴리오에 투자하는 소극적 투자전략을 말한다.

▌풀이와 답
   6. 무차별곡선$^{indifference\ curve}$
   7. 기술적 분석$^{technical\ analysis}$
   8. 기본적 분석$^{fundamental\ analysis}$
   9. 포트폴리오 분석$^{portfolio\ analysis}$

2) 객관식 문제

01. 주식의 소극적^{passive} 투자전략에 대한 다음 설명 중 바르지 못한 것은?
  ① 정보비용과 거래비용을 최소화하기 위해 기계적으로 투자하는 전략이다.
  ② 단순 매입/보유$^{buying\ and\ holding}$ 전략은 투자 종목수를 증가시켜 시장 평균수익을 얻기 위한 전략이다.
  ③ 매입원가평균법은 주식을 일정기간 동안 나누어 꾸준히 매입하여 매입평균단가를 낮추는 방법으로, 종목의 선택과 매입시기의 결정이 중요하다.
  ④ 인덱스펀드법은 소액투자자의 경우에는 활용하기 쉽지 않은 투자전략이며, 대신 상장지수펀드가 대안이 될 수 있다.

▌풀이와 답   ③
매입원가평균법은 주가의 등락에 상관없이 정기적으로 일정금액을 특정 종목에 계속 투자하여 평균 매입단가를 낮추는 전략으로, 매입시기만 결정될 뿐 종목선택의 문제는 해결하지 못하는 것이 한계이다.

02. 주식의 적극적^{active} 투자전략에 대한 다음 설명 중 바르지 못한 것은?
  ① 위험수준에 상응하는 수익 이상의 초과수익을 얻기 위한 전략이다.
  ② 내재가치에 비해 과소평가된 주식을 매도하고, 과대평가된 주식을 매입한다.

③ 기술적 분석을 통해 시장의 움직임을 파악하여 적절한 투자시점을 선택한다.

④ 대형주에 비해 투자수익률이 높은 소형주에 집중 투자하는 전략도 있다.

▌풀이와 답　②

적극적 투자전략은 내재가치에 비해 과소평가된 주식을 매입하고, 과대평가된 주식을 매도하여 과소평가된 주식의 가격상승으로 인한 초과수익을 획득하기 위한 전략이다.

03. 다음 중 *PER*에 대한 설명으로 적절하지 않은 것은?

① 분모인 *EPS*는 기업마다 회계처리방법이 상이하거나 기업이 손실을 발생하고 있을 때는 활용도가 낮아진다.

② 분자인 주가자료는 다음 기의 주가를, 분모인 *EPS*는 이론적으로 일정기간의 평균 *EPS*를 사용하는 것이 바람직하다.

③ *PER*은 높은데 주가현금흐름비율(*PCR*)이 낮으면 해당 주식의 주가가 과소평가되었다고 판단한다.

④ *PER*이 높으면 주당순이익은 평균수준인데 주가가 높아서인 경우와 주가는 평균수준인데 주당순이익이 너무 낮은 경우 두 가지로 볼 수 있다.

▌풀이와 답　②

분자인 주가자료는 현재 시점의 주가를, 분모인 *EPS*는 이론적으로 예측된 *EPS*를 사용하는 것이 바람직하다.

04. 투자지표로서 *PER*과 *PBR*에 관한 설명으로서 적절하지 못한 것은?

① *PER*은 수익가치, *PBR*은 자산가치를 고려한 상대적 주가수준을 평가할 수 있다.

② *PER*의 차이는 자산의 효율적 이용도, 부외부채 등을 반영한 것이다.

③ *PER*은 자기자본순이익률과 *PER* 수준에 좌우된다.

④ *PER*은 자기자본비용의 역수이다.

▌풀이와 답　④

자기자본비용의 역수의 값은 제로성장의 경우이다.

05. 다른 조건은 동일하다고 가정할 때, 시장의 PER을 감소시키는 항목은 무엇인가?

① 배당성장률의 증가

② 배당성향의 증가

③ 요구수익률의 증가

④ 시장의 ROE가 증가할 것으로 기대됨

▌풀이와 답 ③

요구수익률의 증가는 PER을 감소시킬 것이다.

06. 배당할인모형 중 항상성장모형을 기초로 적정 주가수익비율(PER)을 추정하는데 필요한 가정이 아닌 것은?

① 성장에 필요한 자금은 내부자금만으로 조달한다.

② 기업의 이익과 배당이 매년 일정한 비율로 계속 성장한다.

③ 요구수익률은 일정하며, 요구수익률이 성장률보다 작다.

④ 이익흐름은 영속적이고 투자자금의 재투자비율이 항상 일정하다.

▌풀이와 답 ③

요구수익률 또는 할인율은 일정하며, 요구수익률이 항상 성장률보다 크다고 가정한다.

07. 배당할인모형 중 항상성장모형을 기초로 적정 주가수익비율(PER)을 추정하는 데 필요한 가정이 아닌 것은?

① 주당순이익에 PER을 곱하여 이론적 주식가치를 산정하는 모형이다.

② 비슷한 유형의 위험을 지닌 주식군의 PER을 활용하여야 한다.

③ 과거 수년간의 평균 PER을 이용하여 계산할 수 있다.

④ PER모형은 영업이익이 적자인 기업의 분석에도 활용가능하다.

▌풀이와 답 ④

PER모형은 주가가 주당순이익의 몇 배인지를 평가하는 PER을 사용하므로, 음($-$)의 이익기업의 평가가 곤란하다는 것이 한계이다.

08. Tobin's Q비율에 대한 설명으로 올바른 것은?

① 자산의 대체원가를 추정하기가 용이하다는 장점이 있다.

② 주가순자산비율(PBR) 문제점 중의 하나인 집합성의 차이를 극복하는 지표이다.

③ Q비율이 높을수록 투자수익성이 양호하고 경영이 효율적이다.

④ Q비율이 높을수록 적대적 M&A 대상이 될 수 있는 경향이 있다.

▌풀이와 답 ③

토빈의 Q비율은 자산의 대체원가를 추정하기가 어렵다는 단점이 있으며, 시간성의 차이를 극복하는 지표이며, Q비율이 낮을수록 적대적 M&A 대상이 될 수 있다.

09. 기술적 분석의 기본가정에 대한 설명으로 가장 거리가 먼 것은?

① 증권의 시장가치는 수요와 공급에 의해서만 결정된다.

② 추세의 변화는 기입의 실적 기대치 변동에 의해 발생한다.

③ 시장의 사소한 변동을 고려하지 않는다면 주가는 지속되는 추세에 따라 상당기간 움직이는 경향이 있다.

④ 도표에 나타나는 주가모형은 스스로 반복하는 경향이 있다.

▌풀이와 답 ②

추세의 변화는 주가의 시계열적 변화를 기초로 파악된다.

10. 기술적 분석의 장단점에 대한 설명으로 적절하지 않은 것은?

① 매매시점을 포착하는데 기본적 분석보다 유용하다.

② 과거의 추세와 패턴이 그대로 반복된다는 현실성에 근거한다.

③ 동일한 주가패턴에 대해 일관된 해석이 가능하다.

④ 시장의 변동에만 집착하므로, 시장변화의 원인을 분석하기 어렵다.

▌풀이와 답 ③

동일한 패턴에 대해 다양한 해석이 가능하다.

11. 다음 중 추세분석에 대한 설명으로 거리가 먼 것은?

① 추세선은 의미 있는 두 고점 또는 저점을 연결한 직선이다.

② 상승추세선과 수평추세선은 고점끼리 연결하고, 하락추세선은 저점끼리 연결한다.

③ 이동평균선은 일정 기간의 주가 평균치로 미래 주가예상에 사용된다.

④ 골든크로스는 매수신호, 데드크로스는 매도신호로 판단할 수 있다.

▮ **풀이와 답** ②

상승추세선과 수평추세선은 저점끼리 연결하고 하락추세선은 고점끼리 연결한다.

12. 다음 중 이동평균선에 대한 설명으로 가장 올바른 것은?

① 단기 이동평균선이 장기 이동평균선을 상향 돌파하는 경우를 데드크로스라고 하고 매도신호로 본다.

② 이동평균선이 하락한 뒤 보합이나 상승 국면에 진입 시 주가가 이동평균선을 상향 돌파하면 매도신호로 본다.

③ 주가가 천장국면에 진입하면 주가도 상승하고 거래량도 상승한다.

④ 이동평균선은 기준기간이 길수록 이동평균선은 더욱 유연해진다.

▮ **풀이와 답** ④

단기선이 장기선을 상향돌파하는 경우를 골든크로스라고 하고 매입신호로 본다. 이동평균선이 하락한 뒤 보합이나 상승국면에 진입 시 주가가 이동평균선을 상향 돌파하면 매입신호로 본다. 주가가 천장국면에 진입하면 주가상승에도 불구하고 거래량은 감소하는 경향이 있다.

3) 주관식 문제

01. A기업의 보통주에 대한 할인율은 13%이다. 기대 *ROE* 는 15%, 기대 *EPS* 는 1,000원, 사내유보율이 60%이다. 배당성장모형이 타당하다고 가정할 때 적정 *PER* 은 얼마인가?

▌풀이와 답   10.0

$$PER = 0.4/[0.13 - (0.15 \times 0.6)] = 10.0$$

02. 어떤 주식에 대하여 다음의 자료가 주어져 있다.

> $ROE = 18\%$,   당기말 예상주당이익 = 3,000원,   베타계수 = 1.1
>
> 무위험수익률 = 10%, 내부유보율 = 60%, 시장포트폴리오의 기대수익률 = 17%

(1) 이 주식의 내재가치를 일정성장모형에 의해 평가하시오.

(2) 이 주식의 주가가 내재가치와 같다면, 이 주식의 *PER*은 얼마인가?

(3) 이 주식의 성장기회의 가치는 얼마인가?

(4) 이 회사가 내부유보율을 30%로 줄일 것이라는 내부정보를 당신만 알고 있다 하자. 그 경우 이 주식의 내재가치는 얼마가 되겠는가? 이 정보를 이용하여 당신은 어떤 투자전략을 취하는 것이 바람직한가?

▌풀이와 답   (1) 43,478원   (2) *PER*=5.8   (3) 1,106원   (4) 풀이 참조

(1) $r = 0.1 + (0.17 - 0.1)(1.1) = 0.177$, $g = 0.18 \times 0.6 = 0.108$

  $P = 3,000/(0.177 - 0.108) = 43,478$원

(2) $EPS = 3,000/(1 - 0.6) = 7,500$원, $PER = 43,478/7,500 = 5.8$

(3) 무성장일 경우, $P = 7,500/0.177 = 42,372$원이므로,

  성장기회의 가치 $= 43,478 - 42,372 = 1,106$원

(4) 예상주당배당 $= 7,500 \times (1 - 0.3) = 5,250$원,

  배당성장률, $g = 0.18 \times 0.3 = 0.054$

  $P = 5,200/(0.177 - 0.054) = 42,276$원으로 하락할 것으로 예상되므로 공매하는 것이 바람직하다.

03. A기업의 요구수익률은 8%이다. 이 회사의 기대 *ROE*는 10%이고, 기대 *EPS*는 $5.00이다. 회사의 유보율이 60%라면 *PER*은 얼마인가?

▌풀이와 답   50

$g = 0.6 \times 0.1 = 0.06$, $P = 2/(0.08 - 0.06) = 100$, $PER = 100/5 = 50$

04. A기업의 자기자본이익률(ROE)이 10%, 내부유보율이 60%, 요구수익률이 8%인 경우 고든의 항상성장모형에 의한 주가수익비율(PER)은 얼마인가?

▎풀이와 답   20배

$(1 - 0.06)/(0.08 - 0.6 \times 0.1) = 20$배

05. A기업의 자산총액이 10억원이고, 부채총액은 3억원이다. 납입자본금은 5억원이고 주식의 액면가는 1만원이다. 현재 이 기업의 주가가 7만원인 경우 주가순자산비율(PBR)은 얼마인가?

▎풀이와 답   5배

PBR = 주가/(자기자본/발행주식수) = $70,000/((10억 - 3억)/(5억/1만)) = 5$배

06. A기업은 신제품을 생산한 결과 자기자본이익률(ROE)이 20%, 유보율이 40%가 되었다. 당년도의 주당이익은 2,000원으로 기대된다. 투자자는 그 주식에 대한 수익률이 12%가 될 것으로 기대하고 있다. 이 회사의 주식가격과 P/E를 구하시오.

▎풀이와 답   풀이 참조

$g = 0.08$이므로, $V = 2,000(1 - 0.4)/(0.12 - 0.08) = 30,000$원

$P/E = (1 - 0.4)/(0.12 - 0.08) = 15$

3. 자산배분 및 투자성과의 측정

1) 개념정리 문제

서술형

1. 펀드성과를 평가하는 세 가지 척도와 각 척도의 장·단점에 관해 설명하시오.

2. 증권시장의 과잉반응 현상과 시장 효율성에 관해 설명하시오.

3. 시장이례현상과 시장 효율성에 관해 설명하시오.

4. 포트폴리오보험전략에 관해 설명하시오.

5. 투자전략 수립에 있어서 파생상품을 이용하는 목적에 대해 설명하시오.

단답형

※ 다음이 맞는 내용이면 (○), 옳지 않은 내용이면 (×)로 표시하시오.

1. 기존의 최적 자산배분 샤프비율은 0.50이고 새로운 자산집단의 샤프비율은 0.30이다. 기존의 최적 자산배분과 새로운 자산집단의 상관계수가 0.5라면 새로운 자산집단을 추가함으로써 보다 효율적인 최적 자산배분을 만들 수 있다. (   )

2. 펀드의 위험을 측정하기 위해서는 과거의 실현 수익률이 벤치마크 수익률과 얼마만큼 차이가 나는지를 살펴본 사후적 측정치를 이용하는 것으로 충분하다. (   )

   █ 풀이와 답
   1. (○), 최적 자산배분안의 샤프비율×상관계수=0.5×0.5=0.25이므로, 새로운 자산집단의 샤프비율보다 낮다.
   2. (×), 편입종목수, 시장비중과의 차이 등 사전적인 통제수단이 필요하다.

※ 다음 (   )에 적당한 단어를 써 넣으시오.

3. A 운용사는 KOSPI 200보다 나은 성과를 달성하기 위해 고유의 지수구성 방식을 고안한 후 인덱스 펀드를 만들었다. 이 펀드는 운용자 관점에서는 (   ) 운용전략으로 볼 수 있겠지만, KOSPI 200을 투자의 기준으로 삼고 있는 투자자 관점에서는 (   ) 운용전략으로 볼 수 있을 것이다.

4. 시장이 효율적이라면 발생하지 않아야 하지만, 실제로는 자주 나타나, 이를 활용하여 추가수익을 얻으려는 투자자가 종목 선정 시 적극적으로 활용하는 특이현상을 (   )현상이라고 한다.

   █ 풀이와 답
   3. 패시브, 액티브
   4. 이례현상

2) 객관식 문제

01. 다음 설명 중 전략적 자산배분에 대한 설명으로 가장 적절한 것은?

① 시장의 변화방향을 예측하여 사전적으로 자산별 구성비를 변경시킨다.

② 대체로 시장의 흐름과 반대되는 방향의 투자형태로 나타난다.

③ 중단기적인 자산배분으로 인해 투자성과가 저하될 가능성을 통제한다.

④ 사전에 정해진 기준수익률 이상의 수익률이 달성되도록 하는데 유용하다.

▌풀이와 답   ③

①과 ②는 전술적 자산배분의 특징, ④는 보험 자산배분의 특징이다.

02. 전략적 자산배분 또는 주식투자를 위한 모형에 흔히 이용되는 최적화 방법에 대한 설명으로 타당하지 않은 것은?

① 최적화를 위해 추정한 각종 입력변수에는 오류나 추정오차가 내재되어 있다.

② 입력변수의 추정치의 변화가 크지 않음에도 불구하고 자산구성이 급변하기도 한다.

③ 입력변수들이 정확하다면 최적화 기법에 의한 자산구성은 효율적 포트폴리오가 된다.

④ 입력변수에 추정오차가 있는 경우에는 효율적 프론티어가 선으로 나타난다.

▌풀이와 답   ④

입력변수에 추정오차나 오류가 있는 경우에 효율적 프론티어는 선이 아니라 일정한 영역으로 표현된다.

03. 주식운용전략 중 액티브 펀드와 패시브 펀드의 수익과 위험의 특성을 설명한 것으로 적절하지 않은 것은?

① 액티브 펀드들의 수익률 편차는 크게 나타난다.

② 액티브 펀드들의 표준편차는 패시브 펀드들의 표준편차보다 크다.

③ 액티브 펀드들의 초과수익률 편차는 크게 나타난다.

④ 액티브 펀드들의 잔차위험은 패시브 펀드들의 잔차위험보다 크다.

풀이와 답   ②

액티브 펀드의 절대적인 위험(표준편차)은 패시브 펀드에 비해 작은 것도 많이 존재한다.

04. 다음 표는 펀드매니저별로 성과를 분석한 자료를 요약한 것이다.

	수익률(%)		성과요인(%)	
	운용수익률	초과수익률	시장예측	증권선택
A 매니저	12.0	4.0	−2.0	6.0
B 매니저	13.0	5.0	2.0	3.0
C 매니저	9.0	1.0	0.3	0.7
D 매니저	5.0	−3.0	−2.0	−1.0

(1) 각각의 매니저가 초과수익을 내기 위해 노력하는 투자활동을 효율적으로 통제할 수 있다고 가정할 때 가장 높은 초과수익률을 낼 것으로 예상되는 매니저와 해당하는 초과수익률은 얼마인가?

① A 매니저, 6.0%   ② B 매니저, 5.0%

③ C 매니저, 1.0%   ④ D 매니저, −1.0%

(2) 각 매니저의 성과를 통제하는 방법으로 가장 적절하지 않은 것은?

① A 매니저 – 펀드 자산 전체를 주식에 투자하도록 한다.

② B 매니저 – 현재의 상태를 유지한다.

③ C 매니저 – 현재의 상태를 유지한다.

④ D 매니저 – 펀드 자산 전체를 주식에 투자하도록 한다.

풀이와 답   (1) ①   (2) ④

(1) ① A 매니저가 종목선택활동에만 집중하면 6.0%의 초과수익률이 예상된다.

(2) ④ D 매니저는 종목선택과 시장예측 활동을 모두 배제하는 것이 바람직하다. 결국 운용형태는 인덱스 형태가 된다.

05. 주식시장에서의 주요 시장지표에 대한 설명으로 바르지 못한 것은?

① 배당수익률은 배당금을 주가로 나누어 계산한 값이다.

② 대형주의 주가가 소형주보다 낮으면 가중주가평균이 단순주가평균보다 낮게 된다.

③ PER (= 주당순이익/주가)이 1보다 작으면 주가가 청산가치보다 낮게 평가된다는 뜻이다.

④ 시가총액회전율이 상장주식회전율보다 높으면 저주가의 매매가 활발한 것이다.

▌풀이와 답   ④

시가총액회전율이 상장주식회전율보다 높으면 고가의 주식매매가 활발하다는 것을 의미하며, 반대로 상장주식회전율이 높으면 저주가의 매매가 활발하여 금액보다 주식수의 회전율이 높았다고 할 수 있다.

06. 다음 중 성과평가에 대한 설명으로 올바르지 못한 것은?

① 성과평가란 포트폴리오 구성을 포함한 운용과정의 전체를 고려하여 성과를 평가하는 행위를 말한다.

② 성과평가는 투자관리의 단계 중에서 가장 첫 번째 단계에 해당한다.

③ 성과평가는 수익률과 위험, 그리고 포트폴리오 구성 등을 동시에 감안하여야 한다.

④ 실현된 운용성과를 벤치마크 성과와 비교하거나 유사그룹의 성과와 비교할 필요가 있다.

▌풀이와 답   ②

성과평가는 투자관리의 단계(계획수립, 실행, 평가)의 마지막 단계에 해당한다.

07. 다음 중 성과평가에 대한 설명으로 올바르지 못한 것은?

① 시가평가를 원칙으로 하되, 시장가치가 쉽게 발견되지 않는 경우에는 장부가격으로 평가를 하여야 한다.

② 단기적인 평가를 피하기 위하여 가능한 장기간 수익률을 산출하여 투자자에게 제공하여야 한다.

③ 성과평가는 달성한 수익률뿐 아니라 부담한 위험에 대해서도 이루어져야 한다.

④ 성과의 지속성이 있는지, 운용자의 운용능력이 실제 양호한지 여부까지도 성과평가에 포함되어야 한다.

풀이와 답　①

시가평가를 위한 시장가치의 발견이 어려운 경우에는 공정가치로 평가를 하여야한다.

08. 다음 중 샤프비율에 대한 설명으로 올바르지 못한 것은?

① 샤프비율은 자본시장선을 이용한 성과지표이다.

② 샤프비율은 포트폴리오의 총위험을 한 단위 감수하는데 대한 초과수익률의 크기를 의미한다.

③ 샤프비율은 운용기간이 동일한 펀드들을 비교할 때 의미가 있다.

④ 다양한 자산집단이나 펀드를 대상으로 충분하게 분산투자하지 않고 있는 투자자에게는 트레이너비율이 샤프비율보다 적합한 평가방법이다.

풀이와 답　④

다양한 자산집단이나 펀드를 대상으로 충분하게 분산투자하지 않고 있는 투자자에게는 비체계적 위험이 상존하므로, 총위험을 기준으로 평가하는 샤프비율이 트레이너비율보다 더 적합한 방법이다.

09. 다음 중 트레이너비율에 대한 설명으로 올바르지 못한 것은?

① 트레이너비율은 위험의 지표로 총위험(표준편차)을 사용한다.

② 증권시장선의 원리를 이용한 펀드의 성과측정방법의 하나이다.

③ 완전하게 분산투자되어 있다면 샤프비율과 트레이너비율에 의한 평가 결과는 거의 동일할 것이다.

④ 트레이너비율이 클수록 포트폴리오의 성과가 더 우수하다고 할 수 있다.

풀이와 답　①

트레이너비율은 위험의 지표로 체계적 위험(베타)을 사용한다.

10. 다음 중 젠센의 알파에 대한 설명으로 올바르지 못한 것은?

① 유의한 결과도출을 위해서는 30개 이상의 월간 수익률을 대상으로 하여야 한다.

② 기준 포트폴리오 수익률 선정은 시장지수가 일반적이나 가치형 펀드의 경우 지수를 개발하여 사용하는 것이 바람직하다.

③ 미국의 경우 T-bill, 한국의 경우 CD수익률이 무위험수익률로 주로 사용된다.

④ 기준포트폴리오의 선정은 알파나 베타값에 영향을 미치지 않는다.

█ 풀이와 답 ④

사용하는 기준포트폴리오에 따라 알파와 베타가 다르기 때문에 다른 결과가 나타날 수 있다. 그러므로 적합한 기준포트폴리오를 선정하는 것이 중요하다.

3) 주관식 문제

01. 다음 자료는 투자신탁에서 취급하고 있는 두 개의 주식형 펀드로부터 얻어진 지난 5년간 초과수익률 자료이다.

펀드	1년	2년	3년	4년	5년
A	−32.55%	42.08%	26.35%	3.77%	51.44%
B	−2.34%	24.80%	24.48%	17.85%	38.10%

(1) 위험중립형 투자자의 입장에서 어떤 펀드가 유리한가?

(2) 두 펀드의 위험보상률을 구하시오.

(3) 위험회피계수가 A=3.5인 투자자가 위 두 가지 펀드 중 하나를 선택하여 안전자산펀드와 결합하고자 한다. 어떤 펀드를 선택하는 것이 더 유리한가?

█ 풀이와 답 풀이 참조

(1) 펀드 A의 평균초과수익률은 18.22%이고, 펀드 B의 평균초과수익률은 20.58%이므로, 위험중립형 투자자는 펀드 A를 선호한다.

(2) 펀드 A의 위험보상률: 18.22%/33.64%=0.5416

펀드 B의 위험보상률: 20.58%/14.77%=1.3931

(3) 위험회피형 투자자는 위험회피도에 관계없이 위험보상률이 더 큰 펀드 B를 선호한다.

02. 다섯 가지 수익증권에 대하여 10년간의 자료를 조사하여 본 결과, 다음의 자료 가 얻어졌다. 무위험수익률은 10%이다.

수익증권	평균수익률	표준편차	베타계수	잔차의 표준편차
A	24%	36%	1.5	20%
B	32%	40%	1.2	32%
C	26%	40%	1.0	35%
D	18%	25%	0.7	21%
E	40%	70%	2.0	57%
시장전체	20%	20%	1.0	

(1) 각 수익증권에 대하여 샤프척도를 구하고 성과의 순위를 매기시오.

(2) 각 수익증권에 대하여 트레이너척도를 구하고 성과의 순위를 매기시오.

(3) 각 수익증권에 대하여 젠센척도를 구하고 성과의 순위를 매기시오.

┃풀이와 답   풀이 참조

펀드	샤프비율		트레이너지수		젠센의 알파	
	값	순위	값	순위	값	순위
A	0.3889	4	0.0933	5	−0.01	5
B	0.5500	1	0.1833	1	0.10	1
C	0.4000	3	0.1600	2	0.06	3
D	0.3200	5	0.1143	4	0.01	4
E	0.4286	2	0.1500	3	0.10	1

03. 다음 표는 지난 36개월간 월별 시장초과수익률에 대한 ㈜한국의 월별 주식초과수익률의 회귀분석결과이다.

	계수	표준오차	t-value	P-value
Y절편	0.0047	0.0044	1.0790	0.2882
X1(시장초과수익률)	0.8362	0.1996	4.1892	0.0002

이 기간 중 ㈜한국의 월별 주식수익률의 평균은 1.65%, 표준편차는 2.55%였고, 월별 시장수익률의 평균은 1.40%, 표준편차는 1.77%였다. 또한 무위험자산수익률은 연 1.20%였고, 36개월간 변동이 없었다. 주어진 정보를 이용하여 샤프지수, 트레이너지수, 젠센의 알파를 계산하라.

┃ 풀이와 답 샤프지수＝0.61%, 트레이너지수＝1.85%, 젠센의 알파＝0.47%

파생금융상품

Chapter

07

파생금융상품

1. 주가지수선물

1) 개념정리 문제

서술형

1. 선물거래$^{futures\ contracts}$와 선도거래$^{forward\ contract}$의 차이점을 설명하시오.

2. 국내 금융선물시장의 도입배경과 주요 금융선물상품들을 설명하시오.

3. 금융선물시장의 경제적 기능에 대해 설명하시오.

4. 선물거래의 형태에 있어서 헤지거래와 투기거래의 차이점은 무엇인가?

5. 선물의 일일정산제도$^{daily\ settlement}$에 대해 설명하시오.

6. 보유비용모형$^{cost\ of\ carry\ model}$에 대해 설명하시오.

7. 백워데이션^{backwardation}과 콘탱고^{contango}의 개념에 대해 설명하시오.

8. 베이시스위험의 개념과 이를 활용한 위험관리전략에 대해 설명하시오.

9. 최소분산 헤지비율$^{minimum\ variance\ hedge\ ratio}$에 대해 설명하시오.

10. 선물의 차익거래 투자전략에 대해 설명하시오.

단답형

※ **다음이 맞는 내용이면 (○), 옳지 않은 내용이면 (×)로 표시하시오.**

1. 선물계약의 베이시스는 만기일에 0으로 수렴한다. (   )

2. 베이시스 거래에 따른 위험은 현물거래의 위험보다 크다. (   )

3. 선물가격이 현물가격보다 높은 정상시장에서 매도헤지시 베이시스가 증가하면 손실을 입는다. (   )

4. 선물가격이 현물가격보다 높은 정상시장에서 매입헤지시 베이시스가 증가하면 손실을 입는다. (   )

5. 베타조정헤지에 있어서 주가가 상승할 것으로 예상하면 주가지수선물을 매도하여 베타를 높여준다. (   )

6. 결제월이 다른 선물가격 간의 차이, 즉 스프레드는 근원물 이자율이 상승하면 반대로 스프레드는 축소한다. (   )

▌풀이와 답

1. (○)
2. (×)
3. (○)
4. (×)
5. (×)
6. (×)

※ **다음 (   )에 적당한 단어를 써 넣거나 고르시오.**

7. 선물의 대상이 되는 특정상품을 (   ), 시장에서 거래되고 있는 대상자산의 현재가격을 (   ), 선물계약이 이행(결제)되는 미래의 일정시점을 (   ), 미래 일정시점에서의 약정된 가격을 (   )이라고 한다.

8. (   )에 의해서 선물거래자가 선물포지션을 없애고 선물시장에서 빠져나오는 것을 선물포지션의 청산이라고 표현한다.

9. (   )은/는 일일정산 시 발생될 수 있는 계약불이행을 방지하기 위한 수단으로 예치해야 하는 현금 또는 현금성 자산을 의미한다.

10. (   )은/는 고객이 신규 또는 추가적으로 선물을 매수 또는 매도할 때 선물중개회사에 예치해야 하는 증거금을 의미하며, (   )은/는 고객이 자신의 선물거래 포지션을 유지하는데 필요한 최소한의 증거금을 의미한다.

11. 선물가격의 변동으로 고객의 증거금이 일정한 수준 이하로 떨어지게 되면, 선물중개회사는 고객에게 증거금을 당초의 개시증거금 수준까지 현금으로 충당하도록 요구할 수 있다. 이것을 (   )제도라고 한다.

12. (   )는 선물가격과 현물가격 간의 차이를 말한다.

13. 주가가 상승하면 베이시스는 (확대, 축소)된다.

14. 배당수익률이 증가하면 베이시스는 (확대, 축소)된다.

▌풀이와 답
   7. 기초자산, 현물가격, 만기일, 선물가격
   8. 반대매매
   9. 증거금
  10. 개시증거금, 유지증거금
  11. 마진콜
  12. 베이시스
  13. 확대
  14. 축소

2) 객관식 문제

01. 선물거래와 선도거래에 대한 다음의 설명 중 잘못된 것은?

① 선물계약은 표준화되어 있지만, 선도계약은 거래당사자 간 합의에 의해 거래조건이 결정된다.

② 선도거래는 장외시장에서 당사자 간 직접계약에 의해 이루어지는 반면, 선물거래는 선물거래소에서 공개입찰을 통해 이루어진다.

③ 선물거래에서는 청산위험이 거의 없으나, 선도거래의 경우 계약자 쌍방 간의 직접거래이므로, 계약당사자의 신용도에 따른 위험이 존재한다.

④ 선도거래와 선물거래 모두 계약의 이행을 보증하려는 제도적 장치로 일일정산, 증거금 등의 제도를 두고 있다.

▌**풀이와 답**　④

선도거래는 이행보증을 위한 제도적 장치가 없다.

02. 증거금제도에 대한 다음 설명 중 적절하지 못한 것은?

① 선도 및 선물거래에서 계약이행보증을 위해 실시하는 제도이다.

② 고객이 선물중개회사에 납부하는 위탁증거금과 결제소회원인 선물중개
회사가 결제소에 납부하는 거래증거금으로 구분된다.

③ 위탁증거금은 개시증거금과 유지증거금으로 구분된다.

④ 증거금이 일정한 수준(유지증거금) 이하로 떨어지게 되면, 선물중개회
사는 고객에게 증거금을 당초의 개시증거금 수준까지 현금으로 충당하
도록 요구한다.

▌**풀이와 답**　①

선도거래에시는 증기금 제도를 운영하지 않는다.

03. 선물시장의 경제적 기능에 대한 다음 설명 중 가장 거리가 먼 것은?

① 가격변동위험의 관리　　　② 공정한 가격정보의 제공

③ 시장 효율성의 제고　　　④ 투기적 거래의 방지

▌**풀이와 답**　④

선물거래에서 투기적 거래방지 기능은 존재하지 않는다.

04. 선물근월물의 가격이 100, 원월물가격이 102인 상태에서 근월물가격이 갑자기
오르면서 가격차이가 급격히 좁혀졌다. 이 때 투자자가 이 스프레드는 다시 넓
어질 것이라고 예상한다면 어떤 전략을 취하겠는가?

① 근월물 매수, 원월물 매도　　② 근월물 매도, 원월물 매수

③ 근월물 매수, 원월물 매수　　④ 근월물 매도, 원월물 매도

▌**풀이와 답**　②

스프레드가 넓어질 경우에는 근월물을 매도하고 원월물을 매수한다.

05. 주가지수선물의 이론가격에 관한 다음 설명 중 틀린 것은?

① 보유비용모형의 조건이 위반될 때 차익거래기회가 발생한다.

② 주식가격이 선물에 비하여 낮을 때 역현물보유전략을 취한다.

③ 이자율이 배당수익률보다 낮은 경우는 현물가격이 선물가격보다 높다.

④ 거래비용이 없고 차입금리와 대출금리가 동일한 완전시장의 가정 하에서 주가지수선물의 이론가격은 현물지수에 이자비용에서 배당수익을 뺀 순 보유비용을 더하여 계산한다.

▌풀이와 답　②

주식가격이 선물에 비하여 낮을 때는 현물보유전략을 취한다.

06. 차익거래에 관한 다음 설명 중 틀린 것은?

① 매수차익거래란 주가지수선물매수와 동시에 주식을 공매도하는 전략이다.

② 이론상 차익거래 실행시점에서의 현금흐름은 0이다.

③ 빈번한 차익거래는 선물가격과 현물가격을 효율적으로 형성시킨다.

④ 차익거래포지션을 종결할 때 공매도한 주식에 대해 현금배당금이 있는 경우 주식대여자에게 배당금을 지급한다.

▌풀이와 답　①

주가지수선물매수와 동시에 주식을 공매도하는 전략은 역현물보유전략이다.

07. 베이시스에 관한 다음 설명 중 틀린 것은?

① 베이시스는 선물가격에서 현물가격을 차감한 값이다.

② 베이시스는 만기일에 가까워질수록 0에 접근하고 만기일까지의 기간이 길수록 확대된다.

③ 갑작스런 현물주가지수의 상승은 베이시스를 감소시킨다.

④ 금리가 상승하면 베이시스는 증가한다.

▌풀이와 답　③

갑작스런 현물주가지수의 상승은 베이시스를 증가시킨다.

08. 베이시스위험에 관한 다음 설명 중 틀린 것은?

① 베이시스위험은 현물가격과 선물가격의 변동이 일정하지 않기 때문에 발생한다.

② 베이시스위험은 현물과 선물 각각의 위험보다 상당히 작다.

③ 현물가격과 선물가격의 변동폭이 항상 일정하면 완전한 헤징이 가능하다.

④ 베이시스위험에 노출된 헤징은 베이시스위험이 전혀 없는 시장에서의 헤징보다 수익률이 항상 작다.

┃ 풀이와 답　④

베이시스위험에 노출된 헤징은 베이시스위험이 전혀 없는 시장에서의 헤징보다 수익률이 항상 높다.

09. 베이시스 거래에 관한 다음 설명 중 틀린 것은?

① 베이시스 거래는 투기거래보다 리스크가 적다.

② 일반적으로 현물가격이 상승하면 베이시스는 커진다.

③ 일반적으로 배당률이 상승하면 베이시스는 좁아진다.

④ 일반적으로 금리가 상승하면 베이시스는 좁아진다.

┃ 풀이와 답　④

일반적으로 금리가 상승하면 베이시스는 커진다.

10. 실제 선물가격과 이론 선물가격 간 차이가 발생하는 이유가 아닌 것은?

① 선물 이론가격 산정 시 오류를 범할 수 있다.

② 주가지수선물 및 주식 매매 시 거래비용이 존재한다.

③ 배당수익률 산정 시 예상 배당수익률을 추정치로 사용한다.

④ 발표되는 주가지수가 시장충격 비용으로 왜곡될 수 있다.

┃ 풀이와 답　④

시장충격 비용으로는 주가지수에 영향을 미치지는 못한다.

11. 헤지에 관한 다음 설명 중 가장 거리가 먼 것은?

① 선물을 이용함으로서 현물시장에서의 예측하지 못한 가격변동에 따른 위험을 저렴하고 효율적으로 제거할 수 있다.

② 선물시장을 이용한 헤지는 현물시장에서의 가격위험을 제거하기 위해 현물시장에서의 포지션과 동일한 포지션을 선물시장에서 취하는 것을 의미한다.

③ 매입헤지로 인하여 미래 현물가격의 변동에 관계없이 미래에 구입할 현물의 가격을 현재시점에서 고정시킬 수 있다.

④ 매도헤지는 현재 보유하고 있는 현물의 미래 판매가격 하락으로 인한 손실을 방지하기 위하여 선물을 매도하는 것을 의미한다.

▌풀이와 답　②

헤지는 현물시장에서의 포지션과 반대의 포지션을 선물시장에서 취하는 것을 말한다.

12. 현물과 선물가격 사이의 어떠한 특성이 헤지를 가능하게 하는가?

① 현물과 선물은 다른 금액, 다른 방향으로 움직이는 경향이 있다.

② 현물과 선물은 같은 금액, 다른 방향으로 움직이는 경향이 있다.

③ 현물과 선물은 같은 금액, 같은 방향으로 움직이는 경향이 있다.

④ 현물과 선물은 다른 금액, 같은 방향으로 움직이는 경향이 있다.

▌풀이와 답　③

현물과 선물가격이 일반적으로 같은 금액, 같은 방향으로 움직이기 때문에 헤징이 가능할 수 있게 된다.

13. 보유비용모형에서 선물가격을 결정하는 요인과 거리가 가장 먼 것은?

① 현물가격　　　　　　　② 선물만기일의 기대현물가격

③ 이자비용　　　　　　　④ 보유수익 또는 보유비용

▌풀이와 답　②

보유비용모형에서 선물만기일의 기대현물가격에 관한 정보는 포함되지 않는다.

14. 선물의 가격결정에 대한 다음 설명 중 옳지 않은 것은?

① 이론적 선물가격은 현물가격에 만기일까지 발생한 모든 보유수익을 합한 후, 보유비용을 차감한 값이라 할 수 있다.

② 선물가격이 일시적으로 이론적 가격을 이탈하면, 즉각 차익거래자에 의해 차익거래가 일어나 선물가격은 이론적 가격으로 되돌아가고 더 이상 차익거래가 일어나지 않게 된다.

③ 선물가격이 이론적 선물가격보다 높은 경우에는 과대평가된 선물을 매도하고, 과소평가된 현물을 매입하여 보유하는 매수차익거래에 의해서 차익거래 이익을 얻을 수 있다.

④ 불완전시장에서의 선물가격은 일정한 범위 내에서 결정되며, 이 범위를 벗어나면 차익거래가 발생하게 된다.

▌풀이와 답　①

보유비용모형에서 이론적 선물가격은 현물가격에 만기일까지 발생한 모든 보유수익을 차감하고 보유비용을 더한 값이다.

15. 주가지수선물에 대한 다음 설명 중 옳지 않은 것은?

① 주가지수는 실체가 없는 추상적인 수치로서 만기일에 현물결제가 불가능하므로 현금결제를 통하여 주가지수선물거래를 청산하게 된다.

② 주식을 보유하고 있는 투자자는 주가지수선물을 이용하여 주식의 비체계적 위험을 줄일 수 있다.

③ 미결제약정은 반대매매 또는 만기일의 인수도 등에 의해서 청산되지 않고 남아 있는 선물계약을 의미한다.

④ 주가지수차익거래는 주가지수와 거의 같은 성격을 갖도록 만들어진 지수포트폴리오 또는 주가지수의 움직임을 잘 반영하는 소수의 대표적인 주식들로 구성한 포트폴리오 등을 이용함으로써 이루어진다.

▌풀이와 답　②

투자자는 주가지수선물을 이용하여 주식의 체계적 위험을 줄일 수 있다.

16. 선물가격과 기대현물가격 간의 관계에 관한 다음 설명 중 옳지 않은 것은?

① 농산물 등 보관이 불가능한 상품의 경우에는 차익거래논리를 적용하기 어렵기 때문에 보유비용모형에 의해서는 선물가격의 범위를 정할 수 없다.

② 기대가설에 의하면 선물가격은 만기일의 기대현물가격과 일치한다.

③ 정상적 백워데이션가설에 의하면 선물가격은 만기일의 기대현물가격보다 높게 형성된다.

④ 콘탱고가설에 의하면 선물가격은 만기일의 기대현물가격보다 높게 형성된다.

▌풀이와 답   ③

정상적 백워데이션은 선물가격이 만기일의 기대현물가격보다 낮게 형성됨을 의미한다.

17. ㈜A기업의 현재 주가는 10,000원이다. 이 주식을 기초자산으로 하며 만기가 6개월인 선물이 선물시장에서 11,000원에 거래되고 있다. 이 기업은 앞으로 6개월간 배당을 지급하지 않으며 현물 및 선물의 거래에 따른 거래비용은 없다고 가정한다. 무위험이자율 연 10%로 대출과 차입이 가능할 때 차익거래에 관한 다음 설명 중 옳은 것은?

① (주식공매도＋대출＋선물매입) 전략을 이용해 차익거래이익을 얻을 수 있다.

② (주식공매도＋차입＋선물매입) 전략을 이용해 차익거래이익을 얻을 수 있다.

③ (주식매입＋대출＋선물매도) 전략을 이용해 차익거래이익을 얻을 수 있다.

④ (주식매입＋차입＋선물매도) 전략을 이용해 차익거래이익을 얻을 수 있다.

▌풀이와 답   ④

이 경우 (주식매입＋차입＋선물매도) 전략이 유용한 투자전략이다.

18. 현재 KOSPI 200 지수는 75.00포인트이고, 만기 3개월물 KOSPI 200 선물지수
는 76.00포인트에 거래되고 있다. KOSPI 200지수를 구성하는 주식들의 평균배
당수익률은 연 4%이고, 무위험이자율은 8%이다. 이 때 지수차익거래가 가능한
가? 가능하다면 차익거래의 결과 어떠한 변화가 예상되는가? (단, 차익거래관
련 거래비용은 없다고 가정한다)

① 차익거래가 불가능하다.

② 차익거래에 의해 KOSPI 200지수와 3개월물 KOSPI 200 선물가격이 상
승한다.

③ 차익거래에 의해 KOSPI 200지수가 상승하고, 3개월물 KOSPI 200 선물
가격이 하락한다.

④ 차익거래에 의해 KOSPI 200지수와 3개월물 KOSPI 200 선물가격이 하
락한다.

▌ 풀이와 답   ③

선물이 현물보다 높으므로, 차익거래에 의해 KOSPI 200지수가 상승하고, 3개월
물 KOSPI 200 선물가격이 하락한다.

19. 현재 KOSPI 200지수는 200.00이고 잔존만기가 3개월인 6월물 KOSPI 200지수
선물의 가격은 202.30이다. 그리고 현재 3개월물 CD이자율은 연 3%, KOSPI
200지수의 배당수익률은 연 1%이다. 1개월은 30일, 이자율 및 수익률은 이산복
리가 적용되며, 시장은 완전하다고 가정한다. 다음 설명 중 적절하지 않은 것은?

① 현재 KOSPI 200 선물은 저평가되어 있다.

② KOSPI 200 선물 매도, 차입, 주식포트폴리오 매수를 통한 차익거래가
기대된다.

③ 매수차익거래로 인해 KOSPI 200 선물의 가격이 하락할 것이다.

④ KOSPI 200 선물은 콘탱고 상태에 놓여 있다.

▌ 풀이와 답   ①

현재 KOSPI 200 선물은 고평가되어 있다.

20. 다음 중 어떠한 상황에서 베이시스위험이 존재하는가?

① 기초자산의 만기와 일치된 헤지대상이 만기 이전에 취소될 때

② 기초자산과 헤지수단의 상관관계가 1보다 작고, 변동성이 동일하지 않을 때

③ 기초자산과 헤지수단이 유사하지 않을 때

④ 위의 보기에서 모두 존재

▎풀이와 답　④

현금가치와 헤지포지션이 완벽하게 서로 상쇄되지 않을 때 베이시스위험은 존재한다. 기초자산과 헤지수단이 유사하지 않거나 상관관계가 같지 않을 때 이러한 위험이 발생하는 것이다. 기초자산과 헤지수단이 유사하더라도 기초자산의 만기 이전에 헤지가 취소된다면 베이시스위험이 존재한다.

21. 베이시스위험에 관한 다음 설명 중 거리가 먼 것은?

① 베이시스가 예상보다 축소되는 경우에는 매도헤지가 유리한 반면, 베이시스가 예상보다 확대되는 경우에는 매입헤지가 유리하다.

② 베이시스가 일정하거나 헤지종료일과 선물의 만기일이 같은 경우에는 베이시스위험이 제거될 수 있다.

③ 베이시스위험이 제거되면 헤저의 손익은 항상 0이 된다.

④ 현물과 선물의 기초자산이 정확하게 일치하지 않을 경우의 헤지, 즉 교차헤지에서는 현물과 선물의 기초자산 간의 불일치로 인한 추가적인 베이시스위험이 발생하게 된다.

▎풀이와 답　③

베이시스위험이 제거된다고 해서 헤저의 손익이 항상 0이 되는 것은 아니다.

22. 선물을 이용한 다음 헤지거래 중 가장 잘못된 것은?

① 1개월 후에 자금이 필요한 기업이 금리선물을 매입하였다.

② 인덱스펀드를 보유한 투자자가 주가지수선물을 매도하였다.

③ 2개월 후에 상대국 통화로 수출대금을 수취하게 되는 수출업자가 상대
국 통화선물을 매도하였다.

④ 3개월 후에 채권을 매입하려고 하는 투자자가 금리선물을 매입하였다.

풀이와 답 ①

1개월 후 자금이 필요한 기업이 헤지거래를 위해서는 금리선물을 매도해야 한다.

23. 포트폴리오 보험에 해당하는 전략이 아닌 것은?

① 방어적 풋옵션 전략   ② 동적 자산배분전략

③ 동적 헤징전략   ④ 인덱스펀드전략

풀이와 답 ④

인덱스펀드전략은 소극적 투자전략이다.

3) 주관식 문제

01. 다음 자료를 기초로 KOSPI 200 주가지수선물의 균형가격을 구하라.

> 현재 KOSPI 200 주가지수＝150.00
> 선물만기까지의 남은 기간: 3개월, 이자율 연4%, 배당은 없음

풀이와 답 151.50

$150(1+0.04×3/12)=151.50$

02. 김씨는 향후 주가가 상승할 것으로 예상하여 KOSPI 200 선물을 15계약 매수
하였고, 실제로 KOSPI 200이 1.2포인트 상승하였다. 이 때 김씨의 손익규모는
얼마인가?

풀이와 답 900만원

$15×1.2×50만=900$

03. 현재 5억원의 주식포트폴리오(베타=1.2)를 보유하고 있는 자가 주가하락에 따른 위험을 축소시키고자 베타를 0.5로 낮추고자 한다. 이를 위해 선물을 매도하는 베타조정헤지를 하고자 한다. 현재 KOSPI 200 선물가격이 40포인트라 할 때 선물매도계약수를 구하면?

█ 풀이와 답 **18계약 매도**
5억원×(0.5−1.2)/(5억원×40) = −18계약, 18계약 매도

04. 김씨는 10억원을 주식시장에 투자하는데 주식시장 전망이 좋지 않아 단순헤지를 하려고 한다. 포트폴리오의 최소분산헤지비율은 1.6이며 KOSPI 200 선물은 110에 거래되고 있을 때 헤징전략은?

█ 풀이와 답 **선물 29계약 매도**
매도헤징을 위한 선물계약수 = (1.6)×(10억) ÷ (50만원×110) = 29.09

05. 김씨는 10억원을 주식시장에 투자하는데 주식시장 전망이 좋지 않아 베타를 현재 1.3에서 0.6으로 낮추려고 한다. KOSPI 200 선물이 110에 거래되고 있으면 어떤 전략을 이용해야 하는가?

█ 풀이와 답 **선물 13계약 매도**
선물계약수 = (0.6−1.3)×10억원 ÷ (50만원×110) = −0.127

06. 펀드운용자는 2개월 후에 100억원 규모의 공격형 주식포트폴리오를 구성하고자 한다. 예상포트폴리오의 베타는 1.5이나 지금부터 투자시기까지 시장 상승세가 이어질 것으로 예상되어 주가지수선물을 이용하여 주식가격 상승부담에 대하여 헤징을 하고자 한다. 현재 KOSPI 200 선물가격은 80이다. 헤징을 위한 선물의 적정 매매계약수는 얼마인가?

█ 풀이와 답 **375계약 매수**
매입헤지를 위한 선물계약수 = (1.5×100억원) ÷ (50만원×80) = 375

07. 현재 보유하고 있는 포트폴리오의 베타는 1.1이지만 당분간 구조조정 지연으로 시장의 하락이 예상된다. 투자금액은 20억원, KOSPI 200 선물가격은 75, 현재 CD금리는 6%이다. KOSPI 200 선물시장을 이용하여 베타를 0.5로 줄이고자 할 때 매매해야 할 선물계약수는 얼마인가?

▌풀이와 답　32계약 매도

선물계약수 $= ((0.5 - 1.1) \times 20억원) \div (50만원 \times 75) = -32$

08. 현재 KOSPI 200 현물 및 최근월물 선물가격은 각각 60과 61.50이다. 만기까지의 잔존기간은 2개월이며 금리와 예상배당률은 각각 연 10%와 2%이다. KOSPI 200 선물 5계약을 이용하여 차익거래전략을 취하면 이론적 예상이익은 얼마인가?

▌풀이와 답　175만원

$175만원 = (61.5 - (60 + 60 \times (0.1 - 0.02) \times (2/12))) \times 5 \times 50$

2. 주가지수 옵션

1) 개념정리 문제

서술형

1. 옵션[options]의 유래를 설명하고, 왜 짧은 역사에도 불구하고 금융시장에서 활발한 거래가 이루어지고 있는지에 대해 설명하시오.

2. 유럽형 옵션과 미국형 옵션의 차이는 무엇인가?

3. Put-Call Parity에 대해 설명하시오.

4. Cox, Ross, Rubinstein의 옵션 이항모형[Binomial Option Pricing Model]의 원리에 대해 간략히 설명하시오.

5. Black-Scholes 옵션가격결정모형의 가정과 유도과정, 그리고 그 개념에 대해 간략히 설명하시오.

6. Black-Scholes 옵션가격결정모형에서 주요변수들의 변동이 콜옵션의 가치에 어떠한 영향을 미치는지에 대해 설명하시오.

7. 옵션을 활용한 다양한 투자전략에 대해 설명하시오.

단답형

※ 다음이 맞는 내용이면 (○), 옳지 않은 내용이면 (×)로 표시하시오.

1. 프리미엄은 내재가치와 시간가치로 구성된다. (   )

2. 콜옵션에서는 대상자산의 가격에서 권리행사가격을 뺀 부분이 내재가치가 된다.
(   )

3. 외가격(*OTM*)옵션의 매수자는 권리를 행사할 필요가 없다. (   )

4. 외가격옵션은 등가격옵션보다 프리미엄이 비싸다. (   )

5. 시간가치는 옵션이 만료일에 행사가치를 지닐 확률에 대한 기대가치이기 때문에
장래에 내재가치를 가질 가능성이 클수록 그 가치는 높아진다. (   )

6. 주가가 권리행사가격보다 크게 낮은 콜옵션은 주가가 상승하면 프리미엄이 주가
의 상승폭과 거의 비슷하게 상승한다. (   )

7. 가격변동성이 증가함에 따라 옵션의 시간가치도 상승한다. (   )

8. 행사가격이 같은 콜옵션이라도 잔존기간이 3개월인 종목이 1개월인 종목보다 프
리미엄이 더 높다. (   )

9. 옵션거래에서 매도자는 주가가 변화하지 않는 경우에도 시간의 경과에 따라 이
익을 얻을 수 있다. (   )

10. *ATM* 옵션의 경우가 변동성의 변화에 대한 옵션가격의 변화가 가장 민감하다.
(   )

▌풀이와 답

1. (○)
2. (○)
3. (○)
4. (×), 외가격옵션은 등가격옵션보다 프리미엄이 더 저렴하다.
5. (○)
6. (×), 심한 외가격 콜옵션의 경우 주가가 상승하여도 그만큼 프리미엄이 상
승하지는 않는다.
7. (○)

8. (○)
9. (○)
10. (○)

※ 다음 ( )에 적당한 단어를 써 넣거나 고르시오.

11. (   )은/는 옵션의 권리를 행사하는 경우에 확실하게 얻어지는 이익으로서 권리행사를 함으로써 발생하는 가치를 말한다.

12. 가격변동성 증가에 따른 옵션의 시간가치 상승폭은 (   )옵션에서 가장 크다.

13. 같은 기초주식에 대해 발행된 옵션으로서 만기와 행사가격이 같은 콜옵션과 풋옵션의 가격 사이에는 일정한 관계식이 성립하며, 이러한 관계식을 (   )라 한다.

14. 콜옵션 1계약을 매도하고 주식 1주를 매수하여 커버된 콜옵션 매도와 동일한 포지션을 채권과 풋옵션으로 구성할 경우 채권은 (매수, 매도)하고 풋옵션은 (매수, 매도)하면 된다.

15. 방어적 풋$^{\text{protective put}}$ 전략은 인덱스 포트폴리오를 (매수, 매도)하는 동시에, 풋옵션을 (매수, 매도)하는 전략이다.

16. 롱스트래들$^{\text{long straddle}}$은 행사가격이 동일한 콜과 풋을 동시에 (매수, 매도)하는 것이다.

17. 옵션기준물의 가격이 크게 변동할 가능성이 작으면서 횡보할 것이 예상되는 경우에 유용한 전략은 만기일이 동일한 풋과 콜을 동시에 (매수, 매도)하는 것이다.

18. 커버된 콜$^{\text{covered call}}$ 전략은 콜옵션을 한 단위 매도한 경우 기초자산을 (   )만큼을 매수한 것이다.

▌ 풀이와 답

11. 내재가치
12. 등가격
13. 풋−콜 패리티
14. 매수, 매도
15. 매수, 매수
16. 매수

17. 매도

18. 델타(콜매도＋주식 델타단위 매수)

2) 객관식 문제

01. 옵션프리미엄의 결정요소가 아닌 것은?

① 기초자산의 시장가격　　　　　② 옵션의 행사가격

③ 기초자산의 가격변동성　　　　④ 기초자산의 유동성

▌풀이와 답　④

옵션프리미엄의 결정요소는 이외에도 무위험이자율, 만기, 배당이 있다.

02. 다음 중 헤지효과가 아닌 것은?

① 주식매입 ＋ 콜옵션 발행

② 주식매입 ＋ 풋옵션 매입

③ 주식매입 ＋ 콜옵션 매입

④ 주식매입 ＋ 풋옵션 매입 ＋ 콜옵션 매도

▌풀이와 답　③

주식과 콜을 동시에 매입하는 것은 헤지를 위한 전략이 아니다.

03. 다음 설명 중 틀린 것은?

① 같은 기초주식에 대해 발행된 옵션으로서 만기와 행사가격이 같은 콜옵션과 풋옵션의 가격 사이에는 일정한 관계식이 성립하는데 이를 풋－콜 패리티라고 한다.

② 무위험채권을 매입하는 것은 주식을 매입, 풋을 매입하고 콜을 발행하는 것과 같은 수익률을 갖는다.

③ 풋을 매입한 것은 콜매입, 무위험채권매입, 그리고 주식을 매도한 것과 같은 수익률을 낸다.

④ 콜을 매입한 것과 같은 수익률을 가지려면 주식을 매입하고 풋을 매도, 그리고 무위험채권을 매입하여야 한다.

█ 풀이와 답   ④
콜을 매입한 것과 같은 수익률을 가지려면 주식을 매입하고, 풋을 매입, 그리고 무위험채권을 발행하여야 한다.

04. 스프레드에 관한 설명 중 잘못된 것은?

① 수직스프레드는 하나의 행사가격을 가진 옵션을 매입하고, 다른 조건은 같으나 행사가격만 상이한 다른 옵션을 매도하는 전략이다.

② 수평스프레드는 특정한 만기를 가진 옵션을 매입하고 다른 조건은 같으나 만기만 상이한 다른 옵션을 매도하는 전략으로 시간스프레드라고도 한다.

③ Bull Spread는 행사가격이 낮은 콜옵션을 매입하고 행사가격이 높은 콜옵션을 발행한 경우를 말한다.

④ 약세스프레드와 강세스프레드를 합친 것을 스트랩이라고 한다.

█ 풀이와 답   ④
스트랩은 두 개의 콜과 한 개의 풋을 조합한 것이다.

05. 다음 중 무위험포지션을 성립시키는 것은?

① 주식공매＋풋매입＋콜매도   ② 주식매입＋콜매도＋풋매도
③ 주식매입＋콜매도＋풋매입   ④ 주식공매＋풋매도＋콜매입

█ 풀이와 답   ③
풋-콜 패리티를 활용하여 헤지포트폴리오를 구성한다.

06. 만기시 콜옵션의 가치에 관한 다음 문장 중에서 틀린 것은?

① 주가가 행사가격보다 높은 경우 콜옵션에 대한 공매포지션은 손실이 된다.

② 매수포지션의 가치는 0이 되거나 주가에서 행사가격을 뺀 것 중에서 큰 값이다.

③ 매수포지션의 가치는 0이 되거나 행사가격에서 주가를 뺀 것 중에서 큰 값이다.

④ 주가가 행사가격 이하이면 콜옵션에 대한 공매포지션은 0의 가치를 갖는다.

▎**풀이와 답   ③**
만기 시 콜옵션의 매수포지션의 가치는 0과 주가에서 행사가격을 뺀 것 중 큰 값이다.

07. 다음 중 옵션 델타(delta)에 관한 설명으로 틀린 것은?

① 옵션프리미엄을 그래프로 표시할 경우 해당 지점의 기울기에 해당한다.

② *ATM* 콜의 경우 약 0.5 정도의 값을 가진다.

③ 옵션 매도에 대한 헤지비율과 연관되어 있다.

④ 옵션이 내가격으로 끝날 확률에 해당하는 값이다.

▎**풀이와 답   ④**
옵션이 내가격으로 끝날 확률은 델타($N(d_1)$)가 아니라 $N(d_2)$이다.

08. 다음 중 Covered Call에 대한 설명 중 맞지 않는 것은?

① 옵션기준물을 보유한 상태에서 해당 콜옵션을 매도하는 헤지전략이다.

② 기준물의 가격하락 시 손실을 옵션프리미엄 수입만큼 감소시킬 수 있다.

③ 기준물의 가격이 옵션프리미엄 이상 하락하지 않으면 이익이 발생한다.

④ 장세의 강보합세를 예상할 때 유용한 전략이다.

▎**풀이와 답   ④**
장세의 약세, 약보합세를 예상할 때 유용하다.

09. 한 트레이더가 만기까지 델타헤징을 할 목적으로 등가격의 콜옵션을 매입하였다. 그렇다면 옵션의 수명 동안 다음 중 어떠한 경우 가장 수익이 높을 것인가?

① 내재변동성이 증가하는 경우
② 옵션의 수명 동안 기초자산의 가격이 점차 상승하는 경우
③ 옵션의 수명 동안 기초자산의 가격이 점차 하락하는 경우
④ 옵션의 수명 동안 기초자산의 가격이 행사가격 근처에서 상승, 하락을 반복하는 경우

▌풀이와 답   ④
옵션의 만기가 가까워지고 있기 때문에, ①은 내재변동성의 변화가 옵션의 가치는 변화시키지만 만기까지 지니고 있을 경우 효과가 없기 때문에 옳지 않고, ②와 ③은 포트폴리오의 수익은 실제 변동성이 초기내재변동성과 다른지의 여부에 의해 결정되므로, 옵션의 내가격으로 끝나는가의 여부는 중요하지 않다. 포트폴리오는 행사가격 근처에서 적게 움직이는, 실제 변동성이 작을 경우에 수익이 발생한다.

3) 주관식 문제

01. 한 투자자가 행사가격이 150인 KOSPI 200 주가지수 Call을 3.0에 5계약 매수/ 행사가격이 155인 Call을 1.0포인트에 5계약 매도하였다. 옵션만기시점의 주가지수가 155로 끝났다면 이 투자자의 순손익 규모는 얼마인가?

▌풀이와 답   150만원
Bull Spread로서, $[(155-150-3.0)+1.0] \times 5 \times 10$만원 $= 150$만원

02. 행사가격 \$40, 옵션프리미엄 \$3의 콜옵션 1계약을 매입하고, 행사가격 \$40, 옵션프리미엄 \$1.50의 콜옵션 1계약을 발행하는 bullish spread option 투자전략을 고려한다. 만기에 주식의 가격이 \$42로 상승했을 경우, 그리고 만기일에 옵션을 행사할 경우 만기일에 주식당 순이익은 얼마가 될 것인가?

▌풀이와 답   \$8.5
이익은 $(42-30)-(42-40)=10$이고, 순비용은 $3-1.5=1.5$이므로,
순이익은 \$8.5

03. 현물가격이 80이고 무위험이자율이 10%이며, 1년 후에 만기가 되는 Call과 Put의 행사가격은 75이다. 만일 Put 가격이 2라면 Call 이론가격은 얼마인가? 만일 Call의 실제가격이 18이라면 어떠한 차익거래전략이 이익을 낼 수 있겠는가? 또, 만일 Call의 실제가격이 10이라면 어떠한 차익거래전략으로 이익을 낼 수 있겠는가?

▌풀이와 답   풀이 참조

$P + S = C + X/(1+r)^T$

$C = 2 + 80 - 75/1.1 = 13.82$

콜옵션의 실제가격(18)이 이론가격보다 높으므로, 콜매도＋합성콜매수

콜옵션 실제가격(10)이 이론가격보다 낮으므로, 콜매수＋합성콜매도

04. 대상자산가격이 15,000원인 경우에 권리행사가격 13,000원인 Call 프리미엄이 2,500원이라면, 이 옵션의 시간가치는 얼마인가?

▌풀이와 답   500원

$2,500 - (15,000 - 13,000) = 500$

05. 향후 주가상승이 예상되어 행사가격이 260만원인 Call 5월물을 계약당 0.55포인트에 20계약 매수하여 만기인 5월 둘째 목요일 5월 9일까지 보유한다고 가정하자.

(1) 예상이 적중하여 만기시점의 KOSPI 200이 266만원이 될 경우의 손익은?

(2) 예상이 빗나가 만기시점의 KOSPI 200이 245만원이 되었을 경우의 손익은?

▌풀이와 답   **(1) 5,450만원 이익   (2) 550만원 손실**

(1) $[(266 - 260) - 0.55] \times (50만원 \times 20계약) = 5,450만원$ 이익

(2) $(0 - 0.55) \times (50만원 \times 20계약) = 550만원$ 손실

06. 현재 시가총액 50억원의 KOSPI 200 주식포트폴리오를 보유하고 있는 펀드매니저가 갑작스런 주식시장의 하락을 우려하여 행사가격이 250인 Put 5월물을 1.26포인트에 47계약 매수하였다. 만일 만기시점의 KOSPI 200이 예상대로 크게 하락하여 227.61이 되었을 경우 순손익은 얼마인가? (단, 오늘 KOSPI 200은 253.04이다)

▌풀이와 답 풀이 참조

주식포트폴리오: $50억 \times (227.61/253.04) - 50억 = -502,489,725원$ (손실)

Put: $(250 - 227.61 - 1.26) \times 50만원 \times 47계약 = 496,555,000원$ (이익)

결국 5,934,725원 손실 발생

(참고) Put 손익 계산

$Profit = max(K - S, 0) - Premium$

$= (250 - 227.61) \times 50만원 \times 47계약 - 1.26 \times 50만원 \times 47계약$

$= (250 - 227.61 - 1.26) \times 50만원 \times 47계약$

07. 11월 22일 현재 KOSPI 200은 184.24이고 KOSPI 200과 연동하는 인덱스 펀드를 보유하고 있는 투자자가 단기적으로 약세시장의 조정을 보일 것으로 예상되어 시장하락의 위험을 헤지하고자 12월물 풋 180.0을 0.78에 매수하는 프로텍티브 풋(protective put) 전략을 사용하였다. 12월 6일에 KOSPI 200이 180.60이고 풋 180.0이 1.34일 때 전매할 경우 손익은 얼마인가? (단, 옵션거래 수수료는 약정금액의 1.2%로 가정한다)

▌풀이와 답 풀이 참조

헤지하지 않은 경우: $180.60 - 184.24 = -3.64$

프로텍티브 풋: $(180.60 - 184.24) + (1.34 - 0.78) - (1.34 + 0.78) \times 1.2\% = -3.11$

08. 11월 22일 현재 KOSPI 200은 184.24이고 KOSPI 200과 연동하는 인덱스 펀드를 보유하고 있는 투자자가 단기적으로 약세시장의 조정을 보일 것으로 예상되어 시장하락의 위험을 헤지하고자 12월물 콜 180.0을 5.90에 매도하는 커버드콜(covered call) 전략을 사용하였다. 12월 6일에 KOSPI 200이 180.60이고 콜 180.0이 3.55일 때 환매할 경우 손익은 얼마인가? (단, 옵션거래 수수료는 약정금액의 1.2%로 가정한다)

▌풀이와 답 풀이 참조

헤지하지 않은 경우: $180.60 - 184.24 = -3.64$

커버드 콜: $(180.60 - 184.24) + (5.90 - 3.55) - (5.90 + 3.55) \times 1.2\% = -1.4034$

09. 다음은 A기업 주식에 대한 거래소에 상장된 옵션들의 가격정보이다. (단, 100 주에 대한 각 계약규모는 $7.25×100＝$725이다)

행사가격	만기	Call	Put
55	Feb	7.25	0.48

(1) 거래비용을 무시할 때, 매수자는 Call 한 단위에 대하여 얼마를 지불하여야 하는가?

(2) 만기일의 주가는 $95라고 가정할 때 다음 7월 만기 옵션들 각각에 대하여 지급액(payoff)과 투자이익(profit)을 계산하시오.

종목	행사가격(X)	비용	수익(Payoff)	이익(Profit)
Call	90			
Put	90			
Call	95			
Put	95			
Call	100			
Put	100			

(3) 3월물 100 Put계약 하나를 $6.47에 매입하였다. 가능한 최대 이익은 얼마인가?

풀이와 답 풀이 참조

(1), (2)

종목	행사가격(X)	비용	수익(Payoff)	이익(Profit)
Call	90	13.44	5.00	−8.44
Put	90	7.03	0.00	−7.03
Call	95	9.80	0.00	−9.80
Put	95	9.00	0.00	−9.00
Call	100	7.35	0.00	−7.35
Put	100	11.66	5.00	−6.66

(3) 주가가 0으로 하락한다면, 주당 89.67(＝96.14−6.47)을 얻게 된다. 계약당 100주단위이기 때문에 총 $8,967을 얻는다.

10. 행사가격이 $50인 9월물 Call과 Put을 이용하여 A기업에 대해 스트래들(straddle)을 만들려고 한다. Call의 프리미엄은 $4.25이고 Put의 프리미엄은 $5.00이다.

(1) 이 포지션에서 가능한 최대 손실은?

(2) A기업의 주식이 9월에 $58에 거래되면 당신의 손익은 얼마인가?

(3) 주가가 얼마일 때 스트래들에서 손익분기가 되는가?

▌**풀이와 답** 풀이 참조

(1) 최대손실액 = 4.25 + 5.0 = 9.25

(2) 이익/손실 = 58 - 50 - 9.25 = -1.25

(3) 59.25와 40.75의 두 가지 손익분기점이 존재한다.

11. 현재 주가는 $42, 행사가격은 $40, 무위험이자율은 연 10%, 변동성은 연 20%, 만기는 6개월이다. 이 때 블랙-숄즈 모형에 의한 유러피언 Call과 Put의 가치는 얼마인가?

▌**풀이와 답** Call=$4.69, Put=$0.83

$$d_1 = \frac{\ln(42/40) + (0.1 + 0.2^2/2) \times 0.5}{0.2 \times \sqrt{0.5}} = 0.7693$$

$$d_2 = \frac{\ln(42/40) + (0.1 - 0.2^2/2) \times 0.5}{0.2 \times \sqrt{0.5}} = 0.6278$$

$$C = S \times N(d_1) - (K/(1+r)^T) \times N(d_2),$$

$$P = (K/(1+r)^T) \times N(-d_2) - S \times N(-d_1) \text{이므로,}$$

$$C = \$4.69, \ P = \$0.83$$

12. 다음의 만기가 같고 행사가격이 다른 콜옵션과 풋옵션을 이용하여 구성한 매수 스트랭글 전략의 최대손실, 최대이익 및 손익분기 주가는 각각 얼마인가?

	콜옵션	풋옵션
가격	5원	4원
행사가격	60원	55원
만기	90일	90일

▌**풀이와 답** 풀이 참조

최대손실: 9원,

최대이익: 무제한,

손익분기주가: 46원(=55-4-5), 69원(=60+4+5)

13. 행사가격이 25원인 콜옵션의 가격은 4원이다. 또한 행사가격 40원인 콜옵션의 가격은 2.5원이다. 이 옵션들을 이용하여 강세스프레드전략을 구성하고자 한다. 만약 주가가 만기에 50원까지 상승하고 옵션이 만기일에 행사된다면 만기 시의 주당순이익은 얼마인가?

▌**풀이와 답** 13.5원

행사가격 낮은 콜 매수+행사가격 높은 콜 매도

$= (50-25-4)+(-10+2.5)=13.5$

14. 김씨는 행사가격이 25,000원인 콜옵션을 개당 4,000원에 2개 매입하였고, 행사가격이 40,000원인 콜옵션을 2,500원에 1개 발행하였다. 옵션만기일에 기초주식의 가격이 50,000원이라고 할 때, 이러한 투자전략의 만기가치와 투자자의 만기손익은 각각 얼마인가? (단, 옵션의 기초주식과 만기는 동일하며 거래비용은 무시한다)

▌**풀이와 답** 만기가치: 40,000원, 만기손익: 34,500원

$25,000 \times 2+(-10,000)=40,000,$

$(25,000-4,000) \times 2+(-10,000+2,500)=34,500$

15. A기업은 만기가 1년이고, 행사가격이 10,000원인 유럽형 콜옵션과 풋옵션을 발행하였다. A기업의 현재 주가는 10,000원이며, 액면이 10,000원인 1년 만기 무위험채권의 가격은 9,000원으로 거래되고 있다. 이러한 정보를 활용하여 현재 콜옵션의 가격이 2,000원이라고 한다면, 이 때 풋옵션의 가격은 얼마가 될 것인가?

▌**풀이와 답** 1,000원

$S+P-C=pv(K), \quad P=pv(K)-S+C=9,000-10,000+2,000=1,000$

16. 투자자 김씨는 3개월 만기 콜옵션 1계약과 3개월 만기 풋옵션 1계약을 이용하여 주가지수옵션에 대한 매도 스트랭글$^{short\ strangle}$ 투자전략을 구사하려 한다. 현재 형성된 옵션시세는 다음과 같고, 만기 주가지수가 1,120포인트일 때, 김씨의 만기손익과 최대손익은 얼마가 될 것인가?

> ① 3개월 만기 주가지수 콜옵션(행사가격=1,100, 콜옵션프리미엄=35원)
> ② 3개월 만기 주가지수 풋옵션(행사가격=1,100, 풋옵션프리미엄=21원)
> ③ 3개월 만기 주가지수 콜옵션(행사가격=1,200, 콜옵션프리미엄=32원)
> ④ 3개월 만기 주가지수 풋옵션(행사가격=1,200, 풋옵션프리미엄=27원)

▌풀이와 답　만기손익: 53, 최대손익: 53

b+c=53; 콜(1,200)매도+풋(1,100)매도

17. 투자회사의 옵션운용부에서 근무하는 A부터 E까지 5명의 매니저가 다음과 같은 옵션거래전략을 구성하였다. 이 정보를 활용하여 옵션을 발행한 기초자산의 주식가격이 향후 대폭 상승할 경우 가장 불리한 투자결과를 낳을 것으로 예상되는 매니저는 누구인가? (단, 옵션의 행사가격들은 현재의 주가에 근접하고 있으며 동일한 주식을 기초자산으로 하고 있다)

> A: 주식을 매입하고 매입한 주식에 대한 Call을 동시에 발행
> B: 행사가격이 동일한 Call을 매입하고 동시에 Put을 발행
> C: 행사가격이 다른 Call과 Put을 동시에 매입
> D: 행사가격이 다른 두 개의 Call 중에서 높은 행사가격을 가진 Call을 매입하고 낮은 행사가격을 가진 Call을 발행
> E: 주식을 매입하고 매입한 주식에 대한 Put을 동시에 매입

▌풀이와 답　D 매니저

18. A기업의 주가는 현재 100만원이지만, 1년 후에 120만원 혹은 105만원 중 하나의 값을 갖게 될 것으로 가정한다. 이를 기초자산으로 하고, 만기는 1년이며, 행사가격이 110만원인 콜옵션과 풋옵션이 있다고 한다면, 이항모형을 이용하여 기초자산과 옵션을 이용한 차익거래가 발생하지 못하는 콜옵션과 풋옵션의 가격을 각각 계산하라. (단, 1년 무위험이자율은 10%이고 옵션만기까지 배당은 없다고 가정한다)

❙ 풀이와 답 $C = 5.45$, $P = 1.82$

$$C = (0.6) \times (10)/(1 + 0.1) = 5.454$$
$$P = (0.4) \times (5)/(1 + 0.1) = 1.818$$

19. A기업의 주식은 현재 10,000원에 거래되고 있다. 이 주식에 대해 행사가격이 10,000원이며 6개월 후에 만기에 도래하는 콜옵션의 가치는 Black-Scholes 옵션가격결정모형을 이용해 구한 결과 2,000원으로 산출되었다. 만약 A기업의 주가가 10% 올라서 11,000원이 된다면, 이 때 콜옵션 가치의 변화는 어떻게 될 것인가?

❙ 풀이와 답   콜옵션의 가치는 1,000원보다 적게 증가한다.

$$C = S \times N(d_1) - PV(K) \times N(d_2)$$

윤 상 용 (尹翔鏞)

[저자 약력]
  영남대학교에서 경제학을, 동 대학원에서 경영학 석사학위(재무관리 전공)를 취득하였다. 그리고 미국 아이오와 주립대(Univ. of Iowa) 대학원에서 응용통계학(applied statistics)을 전공한 후, 연세대학교에서 경영학 박사학위(재무/금융 전공)를 취득하였다. 이후 대구경북연구원과 신용보증재단중앙회의 연구직을 거쳐 현재 조선대학교 경제학과에서 조교수로 재직 중이다. 주로 재무/금융 분야의 과목들을 강의하고 있으며, 다년간 교내 ABT(Ace Best Teacher)를 수상하였다. 국내·외의 다수 학회에서 편집위원과 운영위원으로 참여하고 있으며, 주로 기업재무, 투자, 중소기업금융, 금융혁신 등의 분야에서 다수의 논문을 게재하고 있다.

✉ syyun@chosun.ac.kr

이 저서는 2018년도 조선대학교 특별과제(단독 저역서 출판) 연구비의 지원을 받아 연구되었음.

다양한 예제로 쉽게 이해하는 투자론

2018년 12월 20일 초판 인쇄
2018년 12월 30일 초판 발행

저 자 윤 상 용
발행인 배 효 선

발행처 도서출판 法 文 社

주 소 10881 경기도 파주시 회동길 37-29
등 록 1957년 12월 12일/제2-76호(윤)
전 화 (031)955-6500~6 FAX (031)955-6525
E-mail (영업) bms@bobmunsa.co.kr
(편집) edit66@bobmunsa.co.kr
홈페이지 http://www.bobmunsa.co.kr
조 판 법 문 사 전 산 실

정가 19,000원   ISBN 978-89-18-12376-9